"农家乐"的品牌管理与网络推广模式研究

黄海力 著

中国商业出版社

图书在版编目(CIP)数据

"农家乐"的品牌管理与网络推广模式研究/黄海力著.—北京：中国商业出版社，2018.5

ISBN 978-7-5208-0279-6

Ⅰ.①农… Ⅱ.①黄… Ⅲ.①农村—旅游业—品牌—经营管理—研究—中国 ②农村—旅游业—网络营销—研究—中国 Ⅳ.①F592

中国版本图书馆 CIP 数据核字（2018）第 048487 号

责任编辑：王彦

中国商业出版社出版发行

010—63033100　www.c—cbook.com

（100053　北京广安门内报国寺 1 号）

新华书店经销

北京京华虎彩印刷有限公司

＊　＊　＊　＊

710 毫米×1000 毫米　1/16 开　12.5 印张　198 千字

2018 年 5 月第 1 版　2018 年 5 月第 1 次印刷

定价：39.80 元

＊　＊　＊　＊

（如有印装质量问题可更换）

前　言

随着经济发展和人们生活水平的逐步提高，现代人越来越注重精神层面的享受，外出旅游逐渐成为重要的休闲方式。作为与农业和旅游业相互渗透融合所形成的产物，"农家乐"以农村、农事为载体，为游客提供观光、休闲、娱乐、运动、住宿、餐饮和购物的乐趣，在统筹城乡发展、解决"三农"问题、加快建设社会主义新农村中发挥了重要作用。以"吃农家味、住农家院、游农家景、娱农家事、享农家乐"等为主要内容的"农家乐"，融合了丰富的自然、人文资源，是一种乡村休闲旅游形式，能够满足人们返璞归真、回归自然的心理需求，备受消费者的欢迎，获得了极大的发展。

"农家乐"在数量上剧增的同时，也出现了同质化严重、缺乏"农"的内涵和管理服务不规范等现状问题，遇到了发展上的瓶颈。农村稳则天下安，农业兴则基础牢，农民富则国家盛。习近平总书记在十九大报告中，就"三农"工作提出了很多新概念、新表述，并首次提出实施乡村振兴战略。帮助农民提高收益是国家发展的头等大事，因此本书在走访"农家乐"实地调研、向消费者发放三次调研问卷对"农家乐"经营者和旅游消费者两个维度进行调研的基础上对调研结果进行整理分析，提出了在竞争激烈的环境中，"农家乐"应力争创造品牌，可以采取品牌管理模式提高"农家乐"旅游的质量，扩大自身的品牌知名度，提高"农家乐"经营者的收益，帮助"农家乐"实现可持续发展。

本书最关键的部分是如何构建"农家乐"的品牌管理模式，这也是本书的重点内容。本书的新颖之处就是把"农家乐"经营中各个环节统一看成是一个有机的整体，围绕品牌战略进行管理：

1. 强化相关利益者的品牌管理意识，打造"农家乐"品牌管理之魂。2. 精化品牌设计，深化"农家乐"品牌的视觉、听觉效应。精化品牌设计首先要起好"农家乐"的品牌名称，做好创立"农家乐"品牌的第一步。设计好"农家乐"的品牌视觉识别，包括品牌标识、品牌标准字、品牌标准色、品牌吉祥物和品牌包装等，打造出"农家乐"品牌管理的最佳形象。3. 做好品牌定位，凸显出"农家乐"品牌管理的核心。4. 完善"农家乐"的硬件设施，提升品牌的硬实力，打造品牌的一贯性。优美的环境、乡土特色的建筑、舒适的客房和美味的农家特色餐饮是经营者进行"农家乐"品牌管理模式的必备基础，这方面需要经营者做好长远规划，合理的成本投入，不断完善这些硬件条件，逐渐提升"农家乐"品牌的硬实力，使"农家乐"品牌步入良性运营和健康发展。5. 注重"农家乐"的软件建设，提升品牌的软实力，拓展品牌的广度。重视礼仪和服务、提升安全与卫生保障，为"农家乐"品牌注入软实力，多侧面、多角度拓展"农家乐"品牌的发展空间。6. 推出"农家乐"的品牌特色活动，是实现品牌管理的强力根基。7. 高效客户关系管理，精确管理每个重要客户，用游客的口碑来宣传品牌。8. 品牌的不断提升与创新是经营者保持"农家乐"品牌不断发展的动力。9. 运用品牌管理模式进行经营和管理创立的"农家乐"品牌是"农家乐"经营者的一种无形资产，能形成品牌效应，可以为"农家乐"品牌带来竞争优势、增值优势和延伸优势。

最后，作者针对当前"互联网＋"的时代背景，结合消费者对"农家乐"网络推广的看法调查，分析"农家乐"网络推广的发展现状和存在的主要问题，给"农家乐"经营者提供了一套相对成本低但比较有效的网络推广模式，利用网络力量扩大其品牌的宣传力度，为"农家乐"的健康发展提供了有益借鉴，这是本书最具实用指导意义的部分。这套适合"农家乐"直接采用的网络推广模式主要有：1. 进行以客户为本的网站设计，提供全面新颖的信息，打造"农家乐"的域名品牌；2. 巧妙利用搜索引擎进行"农家乐"品牌的网络推广；3. 借力政府推广平台、旅游资讯网站或APP进行"农家乐"推广；4. 利用博客、百度贴吧，拓宽"农家乐"网络推广的途径；5. 进行微博推广，打造网红"农家乐"；6. 坚持微信公众号、今日头条的运营，用新媒体吸引移动互联网用户的眼球；7. 利用即时通讯工具、信息群及所衍生出来的社交服务进行推广，实现与客户的时时交流，加强"农家乐"品牌网络推广的广度和深度；8. 重视客户服务，发挥客户口碑在互联网上对"农家乐"品牌的宣传作用。

在本书撰写过程中，笔者参考和引用了大量文献和相关资料，在此向相关作者和单位表示衷心感谢。笔者才疏学浅，书中难免有疏漏和错误之处，恳请读者批评指正。

黄海力

目 录

第一章 绪论 ··· 1

1.1 研究背景 ·· 1
1.1.1 "农家乐"在我国的兴起 ··· 1
1.1.2 "农家乐"在国外的发展 ··· 2
1.1.3 "农家乐"在国内的发展 ··· 4

1.2 研究的意义和方法 ··· 6
1.2.1 研究的意义 ··· 6
1.2.2 研究的方法 ··· 9

第二章 文献综述 ·· 15

2.1 "农家乐"的概念、运营特征和现状 ···································· 15
2.1.1 "农家乐"的概念 ··· 15
2.1.2 "农家乐"旅游的特点 ··· 19
2.1.3 "农家乐"旅游的经营管理模式 ···································· 21
2.1.4 "农家乐"的现状问题 ··· 24

2.2 品牌和品牌管理 ·· 27
2.2.1 品牌的概念 ··· 27
2.2.2 品牌价值的内涵 ·· 34
2.2.3 品牌管理的内涵 ·· 38

2.3 网络推广的概念及其相关研究 ··· 42
2.3.1 网络推广的概念 ·· 42

  2.3.2　网络推广的特征 …………………………………………… 44

  2.3.3　"农家乐"网络推广的研究现状 …………………………… 49

第三章　"农家乐"的品牌管理模式研究 ……………………………… 51

 3.1　强化相关利益者的品牌管理意识,打造"农家乐"品牌管理之魂 …… 52

  3.1.1　"农家乐"品牌管理的质量意识 …………………………… 52

  3.1.2　"农家乐"品牌管理的服务意识 …………………………… 54

  3.1.3　"农家乐"品牌管理的文化意识 …………………………… 55

  3.1.4　"农家乐"品牌管理的危机意识 …………………………… 55

 3.2　精化品牌设计,深化"农家乐"品牌的视觉、听觉效应 …………… 56

  3.2.1　"农家乐"品牌设计的指导原则 …………………………… 56

  3.2.2　起好"农家乐"的品牌名称,做好创立"农家乐"品牌的第一步
　　　　　　……………………………………………………………… 57

  3.2.3　设计好"农家乐"的品牌视觉识别,打造"农家乐"品牌管理的形象
　　　　　　……………………………………………………………… 61

 3.3　做好品牌定位,凸显"农家乐"品牌管理的核心 ………………… 66

  3.3.1　品牌定位理论 ……………………………………………… 66

  3.3.2　品牌定位的概念 …………………………………………… 68

  3.3.3　"农家乐"品牌定位的市场环境分析:拓展思路,认识自我 …… 72

  3.3.4　"农家乐"品牌定位的考虑因素 …………………………… 74

  3.3.5　"农家乐"的品牌定位——目标市场定位+"特色化"乡村旅游产品
　　　　　　……………………………………………………………… 77

  3.3.6　"农家乐"品牌定位的意义 ………………………………… 79

 3.4　完善"农家乐"的硬件设施,提升品牌的硬实力,打造品牌的一贯性 … 80

  3.4.1　保护当地优美的地理环境,是"农家乐"品牌管理的基础条件
　　　　　　……………………………………………………………… 81

  3.4.2　保持传统农家建筑风格,是"农家乐"品牌管理的吸睛之笔 … 82

目 录

  3.4.3 提供舒适的客房空间，为游客提供宾至如归的品牌体验 …… 92
  3.4.4 管好餐饮质量，打造"农家乐"品牌舌尖上的体验 ………… 93
 3.5 **注重"农家乐"的软件建设，提升品牌的软实力，拓展品牌的广度** …… 94
  3.5.1 重视礼仪和服务，以点带面，拓宽"农家乐"品牌的广度 ……… 95
  3.5.2 提升安全与卫生保障，延伸"农家乐"品牌的广度 ………… 98
 3.6 **推出"农家乐"的品牌特色活动，是实现品牌管理的强力根基** ……… 102
 3.7 **高效客户关系管理，精确管理每个重要客户，用游客的口碑来宣传品牌**
  ………………………………………………………………………… 105
 3.8 **品牌的不断提升与创新是经营者保持"农家乐"品牌不断发展的动力**
  ………………………………………………………………………… 109
 3.9 **"农家乐"品牌管理模式的优势** ……………………………………… 109
  3.9.1 竞争优势 ……………………………………………………… 109
  3.9.2 增值优势 ……………………………………………………… 111
  3.9.3 延伸优势 ……………………………………………………… 111

第四章 "农家乐"的网络推广模式研究 …………………………… 113

 4.1 **"农家乐"网络推广的发展和存在问题** ……………………………… 113
 4.2 **消费者对"农家乐"网络推广的看法调查分析** ……………………… 120
  4.2.1 接受调研对象的基本信息情况 ……………………………… 120
  4.2.2 受访对象对"农家乐"网络推广的一定看法 ……………… 124
 4.3 **促进"农家乐"网络推广发展的建议** ………………………………… 129
  4.3.1 充分给予"农家乐"网络推广的组织保障 ………………… 129
  4.3.2 建立适合"农家乐"网络推广的整合模式 ………………… 130
  4.3.3 普及网络技术，开展"农家乐"网络推广模式培训
   ………………………………………………………………… 130
 4.4 **"农家乐"网络推广模式研究** ………………………………………… 132
  4.4.1 进行以客户为本的网站设计，提供全面新颖的信息，打造"农家乐"

　　　　　的域名品牌 ··· 132

　　4.4.2　巧妙利用搜索引擎进行"农家乐"品牌的网络推广 ············· 135

　　4.4.3　借力政府推广平台、旅游资讯网站或APP进行"农家乐"推广
　　　　　 ··· 137

　　4.4.4　利用博客、百度贴吧,拓宽"农家乐"网络推广的途径 ········ 138

　　4.4.5　进行微博推广,打造网红"农家乐" ································ 140

　　4.4.6　坚持微信公众号、今日头条的运营,用新媒体吸引移动互联网用户
　　　　　的眼球 ··· 142

　　4.4.7　利用即时通讯工具、信息群及所衍生出来的社交服务进行推广,实
　　　　　现与客户的时时交流,加强"农家乐"品牌网络推广的广度和深度
　　　　　 ··· 146

　　4.4.8　重视客户服务,发挥客户的口碑在互联网上对"农家乐"品牌的宣
　　　　　传作用 ··· 152

第五章　结论和展望 ··· 154

　5.1　研究工作回顾 ··· 154

　5.2　研究的贡献性 ··· 155

　5.3　研究的后继方向 ·· 156

附录1　本书撰写过程中的三次调研四份问卷 ································· 157

附录2　对本书研究给予大力支持的农家乐 ···································· 180

参考文献 ··· 185

后记 ·· 189

第一章 绪论

1.1 研究背景

1.1.1 "农家乐"在我国的兴起

改革开放以来,随着我国市场经济的飞速发展,在生产的标准化流程化、节奏的快速化的同时,城市居民的生活环境发生了巨大的改变。高楼林立,将城市居民都封闭在钢筋混凝土的世界里。喧嚣的城市,拥堵的交通,浓重刺鼻的汽车尾气,雾霾严重的空气,压力重重的生活……每个生活其中的都市人似乎都曾经做过逃离城市的梦。与此同时,经济的发展也给人们带来了人均可支配收入的提高和闲暇时间的增多,促进了城市居民对田园牧歌、轻松宁静生活方式的向往与回归。

上世纪90年代,"农家乐"作为一种新型的旅游休闲形式应运而生。它是以农村独特的自然环境为依托,由农民或者经营者通过农村的田园风光、民俗风情、农耕文化这些主要吸引物,向城镇旅游者提供观光休闲、娱乐体验、餐饮和购物等一系列服务,从而使得这些旅游消费者获得回归自然、身心愉悦的旅游方式。"睡农家屋,吃农家菜,用农家碗,享农家乐",这极大地满足了现代城镇居民消费者对自然生活的追求和增加农家知识、放松心情、陶冶情操的有效方式这一需求,受到了城镇消费者的认可。

国内最早的"农家乐"出现在1986年成都市郫县友爱乡农科村。由于郫县地处都江堰上游地区,不允许建立有污染源的工厂作坊,全县在都江堰的福利下全部实现了自流灌溉,所以郫县的自然生态非常好。该村的一位花卉苗圃经营户徐继元,在原来的苗圃基地上建起一套具有典型川西民居风格的穿斗式房屋,扩大了接待场地和接待内容,增加了餐饮、住宿等内容,吸引了大量的城里人来旅游观光住宿,极大地提高了当地的知名度,并且使村民获得了相当可观的经济收入。后来这种将农业生产与观光旅游相结合的旅游形态被四川省领导称为"农家乐"。2003年12月在四川雅安碧峰峡景区召开的农家乐旅游研讨会上,"农家乐"这一称谓首次以书面文件形式出现。2006年4月12日在首届中国乡村旅游节开幕式上,农科村被国家旅游局命名为唯一的"中国农家乐旅游发源地"。走进徐家大院如图1.1和1.2所示,苍翠葱茏的林木间,一块刻着"中国农家乐第一家"的大石头无声地诉说着徐家人的创新和骄傲。"中国农家乐旅游史料馆"就设在徐家大院。此外,最早富裕起来的深圳也是我国"农家乐"最早开展的地方之一。二十世纪八十年代末期,深圳的荔枝节和采摘园就是其发展的手段,促使随后各地纷纷效仿,开办了各具特色的观光农业项目,也被认为是较早发展"农家乐"的农业体验旅游形式。

1.1.2 "农家乐"在国外的发展

"农家乐"旅游最早起源于法国。1855年,一位叫欧贝尔的法国参议员带领一群贵族来到巴黎郊外农村度假,他们品尝乡间野味,乘坐独木舟,学习制作肥鹅肝酱馅饼,伐木种树,清理灌木丛,挖池塘淤泥,欣赏游鱼飞鸟,学习养蜂,与当地农民同吃同住。通过这些活动,使他们重新认识了大自然的价值,加强了城乡居民之间的交往,增强了城乡居民的友谊。1863年,为追求乡村悠闲、安宁的生活方式,托马斯·库克组织了到瑞士乡村的第一个包价旅游团。

图 1.1　徐家大院

图 1.2　中国农家乐第一家

1865年,意大利成立"农业与旅游全国协会"则标志着乡村旅游的诞生。而真正意义上的大众化乡村旅游起源于20世纪60年代初的西方旅游大国西班牙。

20世纪60年代以后,工业化和城市化的发展过快,导致城市居民向往宁静的田园生活和美好的农村环境,开始发展现代意义上的"农家乐"旅游。西班牙"农家乐"经营者把乡村的城堡进行一定程度的装修、改造,使其成为旅馆,用来留宿走南闯北的旅客,这种饭店称为"帕莱多国营客栈";同时它把大农场、大庄园进行合理规划、建设、装饰,提供徒步旅游、骑马、滑翔、登山、漂流和参加农事活动等项目,从而得到开创了世界"农家乐"旅游的先河。从那以后,"农家乐"旅游在美国、英国、法国、意大利、波兰、加拿大、马来西亚、韩国和日本等国家受到极大的重视,在资金和政策上得到很大的支持,从而大力发展和改进。1996年,美国农村客栈总收入为40亿美元。1997年,美国有1800万人次前往乡村、农场度假,仅在美国东部便有1500个观光农场,在西部还有为数众多的专门用于旅游的牧场。法国有1.6万多户农家建立了家庭旅馆,推出农庄旅游,法国33%的游人选择乡村度假,乡村旅游每年接待游客200万人次,给当地农民带来了700亿法郎的收入,相当于法国旅游收入的四分之一。法国于1998年专门设立了"农业及旅游接待服务处",联合其他有关团体,建立了"欢迎莅临农场"的网络组织,有3000多农户加盟。

因此,欧洲开展"农家乐"旅游已经有一百多年的历史,"农家乐"是消费者旅游需求多样化、闲暇时间不断增多、生活水平逐渐提高和"文明病""城市病"加剧的必然产物。在欧美国家,"农家乐旅游"已具有相当规模,并已走上了规范化成熟化的发展轨道,显示出极强的生命力和持续强劲的发展潜力。

1.1.3 "农家乐"在国内的发展

"农家乐"这一词在我国由来已久。最早出自南宋爱国诗人陆游之笔。陆游在他的《剑南诗稿》之《岳池农家》中就有"农家农家乐复乐,不比市朝争夺恶"的诗句。但是,"农家乐"真正作为一项旅游产业,正如前文所言,是我国改革开放以后的事。"农家乐"于上世纪末在我国产生,虽然起步比较晚,但发展迅速,尤其是20世纪90年代中后期实行"黄金周"假期后,人们的生活水平不断提高,休闲时间日益增多,"农家乐"发展骤然升温。我国农家乐旅游最开始发展也是来自于国内外的乡村旅游,并将我国各地独特的乡村景观、乡村民俗、乡村风俗、乡村特产等融为一体,具有明显的乡土气息。城市生活快速发展的同时,人们的物质生活达得到了极大的满足,而城市居民的精神文明需求日益增长、闲暇时间逐渐增多、生活水平日趋提高,"城市问题"(包含城市环境问题、城市交通问题、城市住宅问题、城市社会问题)越来越加剧,使得人们愿意走出城市,有条件到乡村感受自然生活。"农家乐"旅游的健康和绿色对城市居民构成极大的吸引力,成为城市居民释放压力、舒展身心、亲近自然、回归田园的理想选择。

我国是一个农业大国,解决"三农"问题是发展我国社会经济、建设小康社会的重中之重,党中央和各级政府高度重视。解决"三农"问题,首先要以人为本,以提高农民收益为中心,调整和优化农业结构,转移农村剩余劳动力。而乡村"农家乐"旅游正是调整农村产业结构,实现农业和旅游业结合、第一产业和第三产业结合的新途径,是发展乡村经济、增加农民收入的一个新亮点。因此,国家出台了很多支持"农家乐"发展的优惠政策,例如2004年7月27日,胡锦涛总书记在上海考察工作期间,特地驱车、乘船80多分钟,到距上海市区约60km的崇明岛竖新镇前卫村,了解村子里农家乐旅游的开展情况,并指出,"将来这个农家乐是前途无量啊。"2007年,国家旅游局确定为"中国乡村旅游年"。2007年4月,国家旅游局、农业部发出关于《大力推进全国乡村旅游发展的通知》。2010年7月5日,农业部和国家旅游局又签署合作框架协议,共同推进休闲农业和乡村旅游发展。在2015年,农业部下发了《关于积极开发农业多种功能大力促进休闲农业发展的通知》,提出将"明确用地政策",在实行最严格的耕地保护制度的前提下,对农民就业增收带动作用大、发展前景好的休闲农业项目用地,各地要将其列入土地利用总体规划和年度计划优先安排。这一通知对于农民发展农家乐给予了大力支持,鼓励农民利用"四荒地"(荒山、荒沟、荒丘、荒滩)发展休闲农业。《关于积极开发农业多种功能大力促进休闲农业发展的通知》亦提出落实税收优惠政策、拓宽融资渠道、增强休闲农业O2O能力等扶持举措,乡村居民利用自有住宅从事旅游经营获得了政策的有力保障。

党的十八大以来的五年,我国农村变化最大、农民得实惠最多的一个时期。在中央和各级政府的大力支持和正确指导下,全国的农家乐获得快速发展。因此,乡村"农家乐"旅游已经在中华大地上显示出它的勃勃生机,已经发展成为一项很有生命力的新型产业,并显示出巨大的潜力和广阔发展前景。根据农业部的最新数据统计,2016年全国休闲农业和乡村旅游共接待游客近21亿人次,营业收入超过5700亿元,其中,休闲农业从业人员845万人,带动672万户农民受益。

1.2 研究的意义和方法

1.2.1 研究的意义

2005年8月24日,习近平同志曾经在浙江日报《之江新语》发表《绿水青山也是金山银山》的评论,深刻指出,如果能够把"生态环境优势转化为生态农业、生态工业、生态旅游等生态经济的优势,那么绿水青山也就变成了金山银山"。国家农业部于2014年11月印发通知,就进一步增进休闲农业连续健康发展做出全面部署。该通知指出,休闲农业是重要的民生产业和新型消费业态,为农业增效、农民增收、农村环境改善和经济社会发展做出了积极贡献。

这份通知首先提出要充分认识发展休闲农业的重大意义:(一)发展休闲农业是提高农业效益、增加农民收入的有效途径。通过发展休闲农业,有利于带动餐饮住宿、农产品加工、交通运输、建筑和文化等关联产业发展,延伸农业产业链,推动一、二、三产业良性互动;增加农业单位面积的多功能产出,提高综合效益,增加农民的生产性收入;把农家的庭前屋后变为经营场所,增加农民的财产性收入;保障农民收入四季不断,开辟农民增收的新空间。(二)发展休闲农业是增加就业容量、促进社会和谐的有效渠道。通过发展休闲农业,可以有效吸引资金、技术、管理、人才、设施等要素流向农村,增加就业容量,实现农民就地就近就业;培养一批有文化、懂经营、会管理的新型农民,带动农业生产、农民生活和乡风文明水平的提高;促进构建新型工农城乡关系,让广大农民平等参与现代化进程、分享现代化成果。(三)发展休闲农业是传承农耕文明、弘扬传统文化的重要举措。通过发展休闲农业,能够系统整合农业生产过程、农民劳动生活、农村风情风貌中的文化要素,推动传统文化和现代文明有机融合,促进农村文化事业和文化产业的发展繁荣;能够顺应城乡居民文化消费新期待,把农业文化遗产、历史古村、特色民居等作为历史文化资源和景观资源加以开发利用,实现在发掘中保护、在利用中传承。(四)发展休闲农业是保护生态环境、建设美丽乡村的有效手段。通过发展休闲农业,能够有效带动农村基础设施建设,改善村容村貌,促进农村生态环境的改善;促进农业产区向产区景区融合发展转变,推动美丽乡村建设;提高农民保护生态环境的意识,有利于农村生态、景观等资源优势转化为产业经济优势。

该通知还进一步明确了发展休闲农业的目标任务——到2020年,力争使休闲农业成为促进农业增效、农民增收、农村环境改善的支柱性产业。产业规模进一步扩大,接待人次和营业收入年均增长10%;布局优化、类型丰富、功能完善、特色明显的格局基本形成;社会效益明显提高,从事休闲农业的农民收入较快增长,全国农民受益面达到3500万人;发展质量明显提高,服务水平较大提升,可持续发展能力进一步增强。

2017年,党的十九大报告中提到,实施乡村振兴战略,要坚持农业农村优先发展,按照"产业兴旺、生态宜居、乡风文明、治理有效、生活富裕"的总要求,建立健全城乡融合发展体制机制和政策体系,加快推进农业农村现代化。

党和国家对"农家乐"的发展给予了充分肯定和政策支持,"农家乐"旅游如雨后春笋般蓬勃发展,实现了从"点上萌芽"向"遍地开花",实现了数量剧增的转变。"农家乐"旅游作为一项旅游项目,正在被越来越多的旅游者所青睐,"农家乐"已成为旅游业中的重要组成部分。这不仅彻底改变了我国农村的落后面貌,增加了农民的收入,而且为我国旅游业的发展开辟了广阔的前景。

我国的"农家乐"旅游虽然在数量上发生了剧变,取得了一定的发展。但是同时,经历了二十多年发展的"农家乐"旅游,似乎已经裹足不前,逐渐显现出停滞态势,看上去热热闹闹,实质是重吃喝轻文化传承,同质化程度高严重阻碍了"农家乐"旅游的长足健康发展。那么,在小康中国、美丽乡村建设的旗帜下如何让"农家乐"旅游可持续发展,提升其生命力,是一个紧迫而现实的问题。

鉴于此,本项研究选取"农家乐"为研究对象,深入对京郊"农家乐"进行了市场现状调查和分析,结合自身的专业研究,认为树品牌、创特色是摆在每个"农家乐"经营者面前的重中之重的任务。而"农家乐"要想打造优势品牌,必须进行品牌管理模式,使其能够可持续性健康发展。同时指出,在当今电子商务环境下,"农家乐"经营者应该与时俱进,充分利用好网络和新媒体的优势来创新推广模式,以期对指导我国"农家乐"旅游的发展、促进各地区农业经济和旅游经济的发展产生一定的指导意义和现实价值,为我国"农家乐"旅游的品牌化建设提供借鉴。

1.2.2 研究的方法

本项研究主要是对京郊"农家乐"的发展现状进行调查研究,以展开调查和分析研究为基础,具体采用以下几种研究方法。

(一)文献参考法

文献的综合研究与分析是课题研究的重要前期基础。笔者从2012年6月申报了北京农业职业学院人文社科研究基金项目《网络推广农家院营销模式研究》(项目编号XY－SK－12－17),就开始大量阅读相关的期刊和书目,收集并整理各种参考文献和相关资料。通过对我国乡村旅游问题及相关学者专家研究成果的搜集整理这一过程,为本项研究打下理论基础。

(二)问卷调查法

为了完成北京农业职业学院人文社科研究基金项目《网络推广农家院营销模式研究》,笔者带领项目团队仔细研读收集汇总的参考资料,确定了调研的提纲;根据调研提纲,笔者构思、斟酌每一个调查问题,完成对经营者的京郊农家院的网络推广现状调查和京郊游客对农家院网络推广的看法调查这两套问卷的设计。

从2012年10月起至2013年10月,历时一年的时间,笔者利用课余时间到农家院实地调研,通过深入京郊农家院和经营者访谈交流,记录、回收问卷,针对农家院访谈的结果在网上进行调研,整理网络调研的信息后再给农家院经营者打电话核实信息,完善调研,此次调研共收集到214户农家院的样本信息。

笔者组织项目团队通过深入京郊农家院,在经营者的帮助下,和京郊游客进行有效的沟通,实地调查回收京郊游客问卷362份,通过数据采集、鉴别,有效问卷 354 份，通过第一调查网（www.1diaocha.com）平台回收有效问卷 503 份，如图 1.3 所示。这两种调研方法最终共计回收有效问卷 857 份。

图 1.3　2014 年通过第一调查网完成调研

笔者通过对京郊农家院网络推广的现状和京郊游客对农家院网络推广的看法两个维度进行调查，对游客的实际需求、看法和农家院网络推广的现状和存在问题进行调查，于 2014 年底完成了北京农业职业学院人文社科研究基金项目《网络推广农家院营销模式研究》的课题工作，顺利结题。课题工作虽然结束了，但是调研时笔者在和农家乐的经营者接触的过程中，发现他们都很朴实热情，普遍缺乏经营管理常识，难以适应当前市场经济的发展，因此想继续利用自己的专业知识摸索出更合适的经营管理模式，帮助这些"农家乐"经营者与时俱进，保持"农家乐"经营的长久良性发展。

笔者在持续深入研究"农家乐"这个课题过程中,为了保持数据的真实性和时效性,于2017年12月以旅游消费者为调研对象又进行了两次调研。第一个设计完成的调研问卷是《农家乐品牌管理调查问卷》,此项调研是笔者在周围亲戚、邻居和朋友中实际回收有效问卷68份,分别在问卷星平台(www.wjx.cn)发放问卷回收201份(如图1.4所示)和在第一调查网发放问卷回收64份问卷(如图1.5所示),这三种调研方式最终共计回收有效问卷333份。

通过问卷星平台回收"农家乐品牌管理调查问卷"201份地理位置如图1.6所示来源于北京市、山东省、山西省、河北省等十一个省市。样本覆盖范围较广,调研结果具有普遍性和代表性。

第二个修改完善的调研问卷是《农家乐网络推广调查问卷》,此项调研是笔者在2013年、2014年调研的基础上考虑现在网络营销和网络推广模式的变化情况了解旅游消费者新的需求方式,此项调研和上一项调研相同,也是笔者采用实际访谈、在问卷星平台和第一调查网三种方式相结合共同完成,其中在周围亲戚、邻居和朋友中实际回收有效问卷73份,分别在问卷星平台(www.wjx.cn)发放问卷回收218份(如图1.7所示)和在第一调查网发布调查回收71份问卷(如图1.8所示),这三种调研方式最终共计回收有效问卷362份。

图1.4 通过问卷星平台回收"农家乐品牌管理调查问卷"201份

图 1.5 通过第一调查网回收"农家乐品牌管理调查问卷"64 份

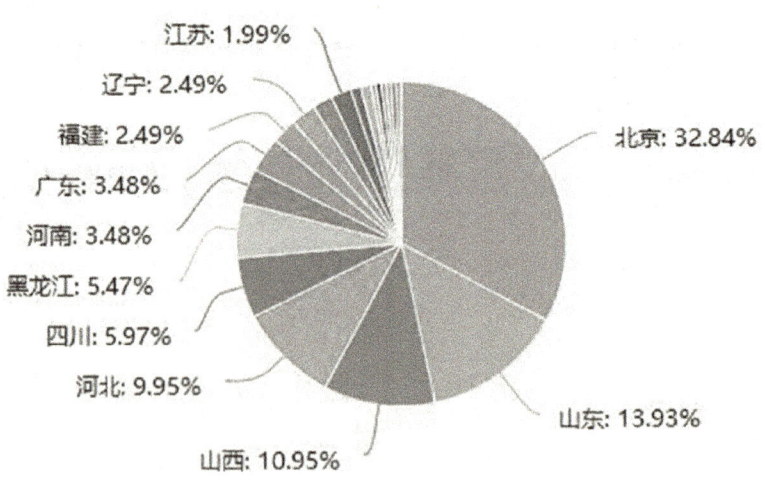

图 1.6 "农家乐品牌管理调查问卷"来源地理位置分析

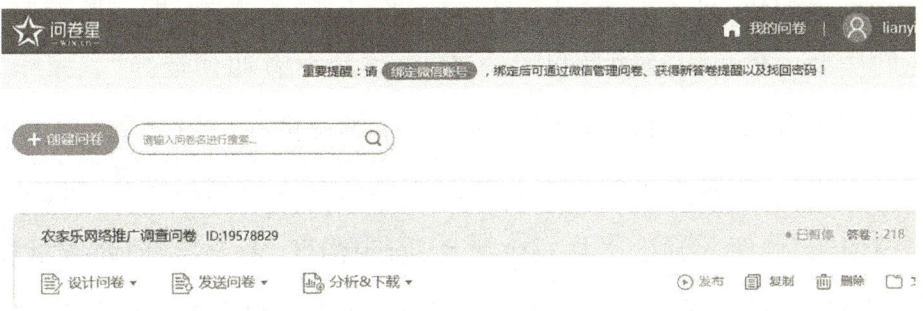

图1.7 通过问卷星平台回收"农家乐网络推广调查问卷"218份

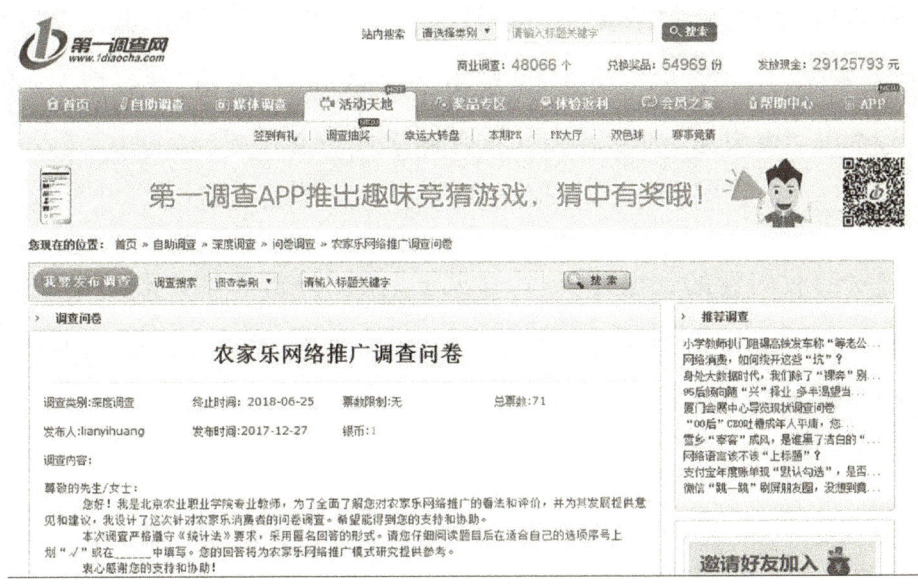

图1.8 通过第一调查网回收"农家乐网络推广调查问卷"71份

(三)实地调查法

笔者在完成项目课题研究时,根据前期资料分析、项目经费和自身资源,从2012年10月起至2013年10月历时一年的时间,利用课余休息时间组织项目团队到农家乐实地调研。完成每周授课任务后,项目团队利用周末时间到离学校相对比较近的怀柔区九渡河镇和朝阳区金盏乡走访农家乐;2013年暑假期间到房山区十渡镇、延庆区旧县镇和千家店镇进行深入"农家乐";笔者本人于2013年十一长假在延庆区张山营镇和康庄镇进行实地调查。通过去"农家乐"实地消费、和"农家乐"经营者交流问询,了解"农家乐"的实际经营情况,并请他们协助寻找其他经营者和消费者,了解消费者如何选择"农家乐"消费的途径,了解"农家乐"经营者对网络推广的了解程度和使用意愿。

项目完成后,笔者本人本着对此项课题继续深入研究的精神,再次到延庆千家店镇回访,并深入到延庆县刘斌堡乡、门头沟区、密云县、河北省承德市的宽城县、平泉县、承德县、张家口市的怀来县、赤城县和安徽姥山岛等地的"农家乐"实地访谈,了解更大范围的"农家乐"经营现状;笔者还利用在四川的亲戚经常到四川、贵州等地"农家乐"旅游时和当地"农家乐"通过电话、微信视频对当地"农家乐"经营者进行访谈,了解更多区域的"农家乐"发展情况,力争研究成果对全国"农家乐"的发展都具有普遍借鉴意义。

(四)分析法

通过对回收问卷的数据分析,针对调研、数据分析和结论总结中的实际问题向行业专家和教授请教听取建议、不断分析改进,提高课题研究的质量,最终撰写完成本书。

第二章 文献综述

2.1 "农家乐"的概念、运营特征和现状

2.1.1 "农家乐"的概念

(一)国外相关研究的定义

由于文化及地域的差异,西方国家并没有"农家乐"这一概念,国际上和"农家乐"概念相对应的主要是乡村旅游,"农家乐"是我国学者对乡村旅游或农业旅游的一种俗称。第一章我们提到了国外的乡村旅游从19世纪开始萌芽,并随着乡村旅游的发展经历了萌芽阶段、全面发展阶段和成熟阶段三个阶段。国外大规模的乡村旅游研究也随之较早地开展起来,开始于1950年初,直至1980年才开始真正发展起来。自1980年以来理论研究界不断出现与乡村旅游有关的论文以及著作,在此后的二十多年里对于乡村旅游的研究,国外学者已逐步形成了较完善的理论体系,储存了大量的理论成果。但国外学者对"乡村旅游"的定义依然是众说纷纭,仍然没有达成统一。目前,国外学术界对"乡村旅游"的定义,主要有以下三种经典观点:

1.国外较为普遍接受的是西班牙学者吉尔伯特·童(1990年)的定义:"乡村旅游(Rural Tourism)"是农户为旅游者提供食宿条件,使旅游者可以在农场、牧场等典型的乡村环境中从事各种休闲活动的一种旅游形式。这个定义

从"乡村旅游"的初级形态来强调"乡村旅游"的休闲娱乐功能。

2.最早试图为乡村旅游构建理论框架的则是1994年《可持续旅游期刊》(Journal of Sustainable Tourism)出版的一期特刊,其中英国的伯纳德·莱恩教授(Bernard Lane)发表的《什么是乡村旅游?》一文中对乡村旅游的概念作了较全面的阐述:"乡村旅游"不仅仅是以农场或农庄为基础的旅游,还包括在乡村环境中进行的运动休闲旅游、保健旅游、科普旅游、生态旅游、民俗文化旅游等各种休闲活动,最根本的是它具有乡村特点,是一个动态的变化过程。

3.欧盟(EU)和世界经济合作与发展组织(OECD)所下的定义被认为是最具有代表性的,根据这个定义国外的"乡村旅游"是指发生在乡村的旅游活动,并进一步认为,乡村特点(Rurality)是乡村旅游整体经营销售的核心和独特卖点。它是基于乡村地区,具有乡村特点,经营规模小,空间开阔和可持续发展的旅游形式。

(二)我国的"农家乐"定义

正如上一章所提及,我国农家乐始于20世纪80年代后期,由于起步晚且发展时间短,因而出现了一定问题,"农家乐"实践的发展迫切需要相关的理论研究。我国有关"农家乐"旅游的研究开始于1998年。近年来关于"农家乐"旅游的研究文献不断增多,这反映了随着"农家乐"旅游的逐渐发展和壮大,学界、业界和各相关部门对"农家乐"这一新兴事物的逐步重视,说明对"农家乐"旅游的研究无论是从理论还是从实践都在向前发展。

我国对农家乐的理论研究由于时间短和对"农家乐"的概念看法与国外不够统一,还停留在研究的初期阶段,不能对农家乐的实践活动发挥切实有效的指导作用。因此,弄明白"农家乐"的概念,从农家乐的理论和实践两个方面来看都显得相当重要。

关于农家乐的概念,因为各位专家学者从各自的专业领域出发,以及中国的"农家乐"尚处于发展的初步阶段,所以到目前为止出现了很多的定义,没有达成一致的意见。从笔者掌握的情况来看,认为有下列几种是比较经典和概括性较强的解释:

1.重庆工商大学管理学院田喜洲教授于2002年在《北京第二外国语学院学报》上发表《休闲旅游"农家乐"发展探讨》,认为通常所指的"农家乐"即为狭义的农家乐。从购买者的角度来讲,它是指游客在农家田园进行观光、娱乐、体验,寻求与城市生活不同的乡村意味;从经营者的角度来讲,它是指农民利用自家院落及周围的田园风光、自然景点,以低廉的价格吸引市民前来吃、住、玩、游、娱、购的旅游形式。广义的农家乐源于广义的农业的概念,它包括农、林、牧、副、渔。所以,广义的农家乐概念不仅包括狭义的农家乐,还包括林家乐、渔家乐等形式。这种旅游形式可以定位于休闲类,其旅游主题既是民俗旅游又是生态旅游,是农业经济与旅游经济的结合。

2.国务院颁发的政府特殊津贴专家、四川省学术带头人杨继瑞和四川师范大学经济与管理学院教授黄善明于2004年在《决策咨询通讯》发表论文《"农家乐经济"健康发展的思考》提出:(1)从投资主体看,"农家乐经济"的投资主体以拥有集体土地使用权的农户为主,在不变更土地权属与使用方式的前提下,以自住房屋为基础进行一定的投资,为游客提供吃、住、娱乐等服务;(2)从经营主体看,"农家乐经济"一般由投资农民亲自经营管理,家庭经营色彩浓厚,雇佣的服务员也多为亲戚或邻近村民;(3)从经营性质看,"农家乐经济"经营一般都带有"副业"性质,农户除经营"农家乐经济"外,还有土地经营作为其生活的基本保证,这一点有别于专业性娱乐场所或者风景旅游地,即不存在"失地"问题;(4)从经营周期看,由于农业生产自身的季节性,"农家乐经济"经营淡季、旺季区分比较明显,甚至完全是一种季节性经营。

3.四川广播电视大学社区教育处副处长何红于2003年在《当代电大》发表论文《从休闲旅游到生态旅游——分析国内农家乐的发展趋势》中认为,"农家乐"就是以农民所拥有土地、庭院、经济作物和地方资源为特色、以服务游客服务为经营手段的农村家庭经营方式吸引市民来此休闲度假、观光娱乐和体验劳作的一种新型旅游活动。换言之,"农家乐"休闲旅游是以田园风光和别有情趣的农家生活为依托,以农民为市场经营主体,以城市居民为目标市场、以满足旅游者娱乐求知和回归自然等目的的一种旅游方式。"农家乐"休闲旅游本质上就是一种乡村旅游。

4.永州职业技术学院卢璐、刘幼平两位老师在2002年第二季《零陵学院学报》上发表论文《关于湖南乡村旅游突出分片发展的思考》,认为"农家乐"产生于农业旅游的发展过程中,是一种农业旅游产品,把农场、林场以及渔塘作为对象,把观光、休闲、参与生态旅游等旅游项目结合在一起,它是一种非大众的旅游方式,也是一种生态工程,把可持续发展作为指导理念。

5.我院教务处处长杨永杰教授于2007年1月撰写的《农家乐旅游经营指南》一书中认为,"农家乐"这一旅游项目以村组为单位,以农户为单位,强调参与性、体验性和人性化服务,体现了农村以农耕文化、乡土文化、民俗文化为积淀的民俗风情。"农家乐"是指利用庭院、堰塘、果园、花圃、农场等农、林、牧、渔业的资源优势,吸引旅游者,为旅游者提供观光、娱乐、运动、住宿、餐饮、购物的经营实体。

(三)本书的"农家乐"定义

早期,这些学者们从各自的专业领域确定"农家乐"定义时仅局限于农家庭院的旅游活动,即农民利用自身院落周围的田园风光、自然景点,以低廉的价格喜迎游客前来吃、住、玩、游、娱、购的旅游形式。但这样的定义显然已经落后于"农家乐"的实践,"农家乐"的经营者已经不再只是农民,而是出现了国家、村镇集体、城市居民和外来投资商等多种经营主体并存的格局。经营的场所也不再局限于自家的庭院,而是已经出现向风景优美、交通便利的景区或周边转移的趋势,出现了很多景区内农户接待型和景区周边型农家乐。因此,为便于更好地进行理论研究和为"农家乐"的经营实践服务,对"农家乐"的科学定义就显得相当重要。

山东财政学院杜春霞老师于2011年11月在《山东商业职业技术学院学报》发表论文《山东省"农家乐"旅游现状及可持续发展对策研究》指出,"农家乐"旅游是指具有鲜明农家乐元素,即赏农家景、住农家院、吃农家饭、干农家活、享农家乐的新兴旅游业态。此概念对农家乐投资和经营主体更加广泛,不局限在农家、农户、农民,还增加了工商资本;内容更强调"农家乐元素"的开发与挖掘。

在前辈专家学者总结的基础上结合"农家乐"发展的实际情况并为其经营活动提供更加全面、具体的指导,笔者更加赞同杜春霞老师的说法并在此基础上提出自己的想法。本书认为,"农家乐"旅游是指发生在城郊或乡村地区,以农民为主体和村镇、外来投资企业等为补充的多种经营主体并存的,突出开展具有"农家"元素的休闲体验活动,即提供良好的自然生态环境、宜人的居住场所、新鲜营养可口的农家蔬菜瓜果和推出具有农家特色文化的体验活动等。

本书对"农家乐"的定义包含了以下几个要点:第一,"农家乐"的经营主体不再仅仅局限于农民家庭单一主体,而是多种经营主体并存;第二,"农家乐"旅游必须是发生在乡村地区的;第三,"农家乐"旅游的内容更突出体现在"农家"元素;第四,"农家乐"旅游是旅游产品从观光层次向较高的度假休闲层次转化的典型表现,"农家乐"旅游既是民俗旅游又是生态旅游,是农业经济与旅游经济的结合。

2.1.2 "农家乐"旅游的特点

根据第一节"农家乐"的定义,"农家乐"是一种休闲旅游形式,主要目的是满足旅游者走出城市、追求生态、亲近自然等需求。其明显具有以下特点。

(一) 乡土特征鲜明

"农家乐"旅游一般选址于城市郊区或乡村地区,更强调"农家元素"的开发与"乡村文化"的挖掘,乡土特征鲜明。这是"农家乐"旅游最为显著的特点。在"农家乐"旅游业态中,无论是作为"农家乐"旅游的载体还是作为旅游吸引物,自然的田园风光、原汁原味的乡村生活和独具地域特色的乡村文化都占有举足轻重的意义。

"农家乐"不同于文化古迹和风景名胜点,农家乐是将农村风貌与乡土文化融为一体,展示的是现代农家特有的风貌,而非人工刻意雕琢的景观。通过"农家乐"的休闲旅游活动,让人们亲身感受现代农民生活和农村乡土气息。各地的"农家乐"由于水土资源和乡土风情的区别,所能提供的"农家乐"项目和活动内容也各不相同。因此,不同的地区有着不同特色的"农家乐"。我国的南方和北方、内陆和沿海、山区和平原,其水土资源都有很大的差别。"靠山吃山,靠水吃水"是一条成功经验。

(二) 市场对象平民性

农家乐旅游的消费群体呈现大众化、平民性,无论是生活在都市中的工薪阶层还是注重生活情调的知识分子都是其潜在客源。这些潜在客源,尽管他们的职业和身份不尽相同,但其收入水平和消费指向却有相同或相似之处,即注重精神上的体验与享受,追求原生态,向往大自然。

(三) 以城郊或乡村地区自然风光和区域内的农业资源(如农业、林业、牧业、副业、渔业等资源)为旅游资源,原生美突出

"农家乐"的旅游对象物非常清楚,这就是现实存在于某地、具有一定的旅游吸引力、属于某种社会类型的乡村社区模式以及质朴自然的乡村景物。旅游者来这里,就是因为这些东西对他们来说可能是新鲜的和有体验价值的,是

值得他们一看的。如果缺少了这些实实在在的东西,旅游者的旅游动机和兴趣就会大大降低,甚至彻底泯灭。因此,原生美特点要求"农家乐"的旅游的吸引物应该是鲜明生动的和原计原味的,是真正农家的而非伪农家的或展览馆式的。

(四)住宿、旅游功能兼具,参与体验性强。

"农家乐"旅游有别于其他休闲旅游形式,"农家乐"旅游所开展的各种类型的旅游项目就是农村日常生活的一部分,游客可以亲自参加农业生产劳动,参与赶牛犁地、播种栽苗、浇水施肥、松土除草等农事作业,体验农耕生活的辛苦劳累,同时也可以参与采摘、收获、品尝等农业生产活动,让游人感受农业丰收的喜悦。

2.1.3 "农家乐"旅游的经营管理模式

通过阅读国内外大量参考文献,关于"农家乐"旅游的经营管理模式有很多种,我国国内所采取的经营管理模式各地也并不统一,主要可以归纳总结出四种现阶段在国内比较常见的经营管理模式,现对它们进行阐述。

(一)"自主、分散"经营模式

这种模式是指农户在自主自发的基础上,以每个家庭为单位,分散地自主经营,"农家乐"旅游的所有权和经营权是合一的。这种经营管理模式的进入门槛相对较低,当地农民可以利用很少的资金,改造自家的院落及屋舍,建起可供消费者游玩的旅游休闲"农家乐",这部分所得的收入已经成为经营"农家乐"旅游的农民及其他经营者的主要家庭收入来源之一,在很大程度上提高了他们的生活质量。

这种模式存在的问题也比较突出,由于这种模式是完全由"农家乐"旅游经营者自主经营的,经营者中的大多数人又是未接受过高等教育的农民,普遍存在小农经济那种封闭保守、自给自足、小富即安的陈旧观念；并且由于受资金的影响,大多"农家乐"属于"小作坊"式,条件差强人意,接待条件也一般。目前"农家乐"的经营管理模式中,这种模式依然是占大多数,是"农家乐"旅游经营管理模式的主体。

(二)农村经济合作社模式

这种模式是由经营"农家乐"的各农户在当地采用自愿联合、民主管理的方式成立的,具有共同利益性的互助经济共同体。

农家乐合作社这种联营的模式首先有利于扩大"农家乐"旅游的影响力,由合作社统一宣传,拓展市场,合作社中的所有"农家乐"经营农户可共享客源信息,避免恶性竞争,形成"和谐、共同致富"的良好局面,并且提高了市场竞争能力,从而获得更大的市场份额。其次,对原先自发、分散、不规范"农家乐"的经营模式进行合作化的改进之后,便于综合有效地利用农村及其周边的各种资源,这有利于合作社内部形成一种比较好的学习氛围,各成员之间可以互相讨论,相互之间取长补短,为合作社更长远的发展奠定良好的基础。

农村经济合作社模式也有其自身的局限性。第一,合作社是在政府的引导下,采用自愿联合、民主控制的方式成立的民间性互助经济组织。如果合作社没有预期发展的那么好,没有给成员带来预期的利益收入,那么各成员就会消极对待合作,不利于这种模式的健康发展;第二,合作社与公司一样是需要管理的,但是合作社的管理层一般也是农户本身,相对于真正的企业一线管理人员来讲,其缺乏对合作社经营的经验,而如果没有一个好的管理层,也将直接影响到"农家乐"旅游合作社的发展;第三"农家乐"旅游合作社的主要参与成员是以本地村民为主的,如果他们的综合素质得不到提高,那么合作社的前途将不会很长远。

(三)"公司＋基地＋农户"模式

"公司＋基地＋农户"模式的基本构成包括公司、"农家乐"旅游基地和农户家庭经营三个方面的经济联合体。此种模式是以公司牵头,吸纳当地农民参与"农家乐"旅游的经营与管理,并对农户的接待服务进行规范、指导,实施统一管理,从而保证"农家乐"旅游的服务质量和规范性的经营管理。

在这一模式中,公司可以是规模较大的旅游公司,它们可以作为"农家乐"旅游合作的投资方,以其自身所拥有的财力、客物力等方面的优势,在距离城市不远的郊区建设"农家乐"基地。公司直接与农户签订合作协议,并且明晰各方的权利和义务及各自所应承担的责任。基地内通过吸纳有意愿参与"农家乐"旅游经营与管理的当地农民,在开发农家乐旅游资源、建立"农家乐"基地时,充分利用农户闲置的农业资源、富余的劳动力、丰富的农事活动来充实"农家乐"旅游活动,向游客展示真实的乡村文化。这样,可以充分调动当地想经营"农家乐"的农民的积极性。并且公司可以通过协商按照一定的比例,向农户提供开发和经营管理所需的资金,农户采取作价入股的方式,将自己的房屋、田地和果园等个人财产入股,按股分红。

这种模式在实际运营中也会出现很多问题。首先,从公司和农户两者的自身条件来看,公司具有较强的市场意识、雄厚经济实力、拥有较严密的组织和完善的管理与市场营销体系,并且熟知政府的各项政策和法律法规,在与农户合作中处于较有利的地位;而单个农户将会处于劣势的地位,因为单个农户的经营规模偏小,资金、技术都比较薄弱,对于市场和政策的变化敏感度不高,分散的农户各自独立,缺乏代表自身利益的组织作为依靠。这样,农户和公司无论在谈判过程中还是利益分配时必然处于不利的地位。其次,公司虽然可以在技术方面向农户提供培训、在服务方面订立标准,但是由于农户的文化程度不高,所以质量也容易出现问题,如果公司和农户在出现问题后没有及时进行良好的沟通,势必引起两者之间的矛盾,最终导致合作的失败。

(四)"五体互动"模式

"五体互动"模式也称为"政府+公司+农民旅游协会+旅行社+农户"模

式,是充分考量了农家乐旅游所涉及的几个关键利益主体,即:政府、公司、农业旅游协会、旅行社和农民等主体在农家乐发展中所能发挥的作用。

这种模式在实际操作过程中,其优越性是很明显的:首先,这种模式充分考虑了各个主体的作用,在实践中能挖掘出当地的农村文化特色以及本土的文化氛围,提高了游客的旅游体验质量;其次,这种模式的分配方式也会相对公平,为模式中的各利益主体创造了经济利益,合理分配利益所得;第三,这种模式在发展旅游业、为农村传统文化的传承和保护提供了经济保障,通过地方艺术演出和当地特色工艺的制作和销售,在创造经济利益的同时也传承和发扬了传统文化;最后,"五体互动"模式在实施过程中,一方面增加了政府的财政收入,保证了政府有足够的资金进行基础设施的改造,促进当地旅游业发展;另一方面,为很多当地农民创造了就业的机会,从而解决了当地很多的剩余的劳动力。"五体互动"模式将为各种生产力要素的优化结合,为乡村社会经济文化环境的跨越式和可持续发展发挥示范效应。

通过对以上经营管理模式进行比较,笔者认为,"五体互动"模式相对前三种模式而言,是一种比较完善且全面的经营模式。因为这种模式充分考虑将各种生产力要素进行优化组合,关注到了各个利益相关者,努力平衡各利益相关者之间的利益分配,从而实现经济效益、社会效益和环境效益的最大化。但是各"农家乐"经营者在具体选择经营管理模式时,也要根据自身的实际情况,在充分考虑各相关利益者的基础上,选择适合自身发展的经营管理模式,而不能盲目地照搬照抄,在具体实践中要学会变通。

2.1.4 "农家乐"的现状问题

我国"农家乐"发展从数量上看虽然成效显著,受到广大游客的欢迎,但是,"农家乐"仍处在向中期发展的过渡阶段,还存在一些问题。主要有:

(一)农家乐旅游产品单一粗糙

1.产品功能同质化

当前的"农家乐"多数规模较小,服务项目大同小异、千篇一律,缺乏参与性高、体验性强、乡土特色浓的活动项目。娱乐项目也以麻将、扑克等传统项目为多,购物环节较为欠缺。"农家乐"旅游产品的单一粗糙、产品雷同使得游客以"一日游"乃至"半日游"为主,如多数游客午饭后即返程,停留时间较短,难以形成多日消费。同质化主要表现在以下两个方面:(1)是餐饮接待为主,形成了城郊型"农家乐"以餐饮+自娱自乐型为主,乡村型"农家乐"以景区游玩+小吃农家菜为主,多数"农家乐"以餐饮接待为主的特点。(2)是产销土特产雷同。乡村农家乐存在农家产品严重缺乏,精品不多,农家特产就是常见的物品,雷同现象严重,且缺乏有效包装,难以打响品牌。

2.缺乏"农"的内涵

"农家乐"旅游的特点就在一个"农"字,也应在"农"字上多下功夫,充分体现浓郁的"农家"氛围,才是吸引城里游客的法宝。农村风光、农舍民情、农家饭菜、农事活动等,特别是在农家乐的整体建设和服务项目中,应着重突出独具地域特色与乡村文化内涵的农舍民情、农家饭菜、农村风光、农事活动等。然而,大多数"农家乐"在"农"字方面做文章不够,缺少地域特色与差异性,例如菜色品种不多,菜肴特色不突出,农家味和乡土味不浓。

3.缺乏"乐"的氛围

游客到"农家乐"来旅游,"农"是旅游体验的载体,"乐"才是旅游的终极目的。当前"农家乐"旅游产品提供的可供游客参与的项目偏少,且偏简单,以打牌、麻将、爬山、看民俗表演等为主,难以满足游客多层次、多方面的需求,难以营造"乐"的氛围。有调查显示,目前大部分"农家乐"开设的项目中,体验过棋牌、垂钓、果蔬采摘的游客占66.7%,58.3%的游客表示花费最多的项目是餐饮,极少数接触过农产品深加工以及民间工艺特色歌舞等,不能让游客获得差异化体验,这使得游客仅仅停留在看一看、转一转、吃一顿饭就不得不离开了,很难在"农家乐"找到乡村农家的感觉。游客回头率降低,经营者收益减少,会严重影响"农家乐"的未来发展。

(二)农家乐旅游配套设施参差不齐,豪华与简陋两极分化

当前,许多"农家乐"经营者和地方政府对农家乐旅游的内涵理解不够,农家乐旅游设施总体上出现了严重的两极分化现象。

1.设施豪华城市化

由于部分"农家乐"投资商来自城市,由于经验的惯性,没有经过调查,就以开发旅游酒店和旅游景区的标准兴建示范村示范户。修建洋房、装修高档客房、摆设高档艺术品、填埋菜园田垅、整治村庄城市化等等,这些设施破坏了自然生态系统,丢掉了本地固有的乡土气息,也失去了农家乐的本质。部分农家乐客房有电视机、网线,跟城里旅馆没有什么区别。

2.农家设施过于简陋

部分经营者存在思想认识偏差或投资能力有限,认为"农家乐"就是用原来的基础建设加以利用,如老房子、老灶台、老餐桌,基础设施过于简陋,难以满足游客基本的吃住游需求。餐厅、娱乐场所、供水、供电、排污等达不到旅游质量标准,环境条件尚不如人意。如住房方面,很多客房直接由民用房简单改造而成,既不符合建筑防火要求,又缺乏相应的消防设施;部分房前屋后甚至堆满各种杂物,存在着严重的安全隐患。

(三)经营管理不规范

目前"农家乐"多数还是采用自家经营为主,从业人员基本上也是土生土长的农民,缺乏统一的组织领导。同时由于缺乏规范的培训,缺乏统一的经营标准和合理的收费价格,经营理念不先进,服务意识不到位,经营行为和服务行为均不规范,无标准农家菜谱,无统一烹饪标准,经营场地参差不齐,服务质量不高,与游客交流沟通能力欠缺,规范化服务水平不高,让游客体验不到"家"的感觉。虽然"农家乐"旅游不需要配备专业的酒店管理人才,但需要既懂乡土文化内涵,又懂乡村生活情况的旅游开发和营销专业人才。

为改变上述状况,"农家乐"经营者需要与时俱进,不断学习,营造自己的特色和品牌,来提高"农家乐"的知名度,增强对游客的吸引力。

2.2 品牌和品牌管理

未来的营销是品牌的战争——品牌互争短长的竞争,拥有市场比拥有工厂更加重要,唯一拥有市场的途径就是拥有具有市场优势的品牌。

—— 美国广告研究专家 Larry Light

2.2.1 品牌的概念

当今世界已经全面进入了品牌竞争时代,品牌已成为一种新的语言进入千家万户,国际知名品牌迅速渗透到世界各个角落并超越了民族文化的障碍,以其独特的品牌魅力吸引着全球消费者。

从消费者的角度来看,我们所处的时代有三个非常明显的特征:产品过剩、媒体多元化和广告信息大爆炸。产品过剩导致产品同质化趋势严重,消费者多了更大的选择空间。过去单凭产品的品质、价格以及所谓的服务、渠道等实现营销目标的时代已经一去不复返了。媒体多元化导致消费群被人为地割裂或细分,受众媒体接触点急剧增多,从大众媒体到小众媒体再到自媒体,无一例外地增加了品牌宣传接触受众的成本。与之相应的是企业广告信息的大爆炸,受众的注意力已经成为越来越稀缺的资源,传统广告投入效果急剧下降,在异常嘈杂的环境中,想要吸引人们的注意力显得越来越困难。对于消费者而言,是消费选择的困扰;对于企业而言,是企业单向传播的失效。

面对这样的困境,品牌化的供应与消费已经成为大势所趋。品牌化的供应,实现了产品同质化供应过剩向内在的更切合差别化需求的有效供应转换。

显然,品牌能为消费者和企业都带来好处。那么一个显而易见的问题是什么才是品牌?提到这个问题,似乎人人都可以说长道短,好像是一个非常简单的问题。事实上并不尽然。

品牌的英文单词Brand,来源于古挪威文Brandr,意思是"烧灼"。人们用这种方式来标记家畜等需要与其他人相区别的私有财产。到了中世纪的欧洲,手工艺匠人用这种打烙印的方法在自己的手工艺品上烙下标记,以便顾客识别产品的产地和生产者,这就是最初的商标。生产者以此为消费者提供担保,同时此做法也为生产者提供了法律保护。16世纪早期,蒸馏威士忌酒的生产商将威士忌装入烙有生产者名字的木桶中,以防被不法商人偷梁换柱。到了1835年,苏格兰的酿酒者使用了"Old Smuggler"这一品牌,以维护采用特殊蒸馏程序酿制的酒的质量和声誉。

经过几百年的历史演进,商业竞争格局以及零售业形态不断变迁,品牌承载的含义也越来越丰富。如今,"品牌"一词无论是其内涵还是外延方面都已大大地扩展了。品牌虽然是理论界和企业界都经常使用的一个高频词语,但它至今都没有一个统一的、权威的定义。

20世纪50年代,美国著名广告大师、奥美公司的创始人大卫·奥格威(David Ogilvy)第一次提出了现代意义上的品牌概念。而在中国直到20世纪90年代才出现这个概念。从已有的研究成果来看,对品牌的定义主要有以下几种角度和表述。

(一)从品牌的构成要素和基本功能方面来看

从品牌的构成要素和基本功能方面来界定品牌的含义,实质上是从品牌提供者或输入者的角度来解释品牌。其中最具代表性和最经典的表述当属美国市场营销协会的定义。该协会给品牌下的定义为:"品牌是一种名称、术语、标记、符号或设计,或是它们的组合运用,其目的是借以辨认某个销售者或某群销售者的产品或服务,并使之与竞争对手的产品或服务区别开来。"美国著名营销学家菲利普·科特勒(Philip Kotler)为品牌下的定义是:"品牌就是一个名字、称谓、符号或设计,或是上述的总和,其目的是要使自己的产品或服务有别于其他竞争者"。美国学者林恩·阿普绍(Lynn B.Upshaw)于1999年在其出版的《塑造品牌特征》一书里指出:品牌是使某种产品和服务能够区别于其他产品和服务的名称、标识和其他可展示的标记。这是目前人们看到和听到的最普遍的一种说法。在国内外其他学者的著作中,对于品牌的解释其基本内容都与上面的两种说法相类似,主要从品牌的构成要素和识别功能进行表述。这种观点从最直观、最外在的表现出发,将品牌看作是一种标榜个性、区别其他的特殊符号。从本质上说,品牌是销售者向购买者长期提供的一组特定的特点、利益和服务的允诺和质量的保证。

(二)从品牌的象征意义和内涵来看

从品牌的象征意义和内涵来看,品牌具有复杂的象征意义和丰富的内涵。大卫·奥格威在1955年时对品牌做了如下的定义:"品牌是一种错综复杂的象征。它是品牌属性、品牌名称、包装、价格、历史、声誉、广告风格的无形总和,品牌同时也因消费者对其使用的印象以及自身的经验而有所界定。"

美国品牌学者Lynn B.Upshaw在谈及品牌特征的意义时也说过:"从更广的意义上说,品牌是消费者眼中的产品和服务的全部,也就是人们看到的各种因素集合起来所形成的产品表现,包括销售策略、人性化的产品个性及两者的结合等,或是全部有形或无形要素的自然参与,比如品牌名称、标志、图案这些要素等。"这一类定义从品牌的信息整合功能上入手,将品牌置于营销乃至整个社会的大环境中加以分析,不仅包括了品牌名称、品牌包装、品牌标志等有形的东西,而且将品牌放入历史时空,作横向和纵向的分析,指出和品牌密不可分的环节,如历史、声誉问题、法律意义、市场经济意义、社会文化心理意义等。这些东西都是无形的,很容易被人忽略,但它们又是事实存在的,是构成品牌的一部分,只有将这些要素最大限度地加以整合,品牌才是个完整的概念。

市场营销大师菲利普·科特勒也认可品牌是一个复杂的象征,其内涵包括6个方面:

1.属性(Attributes)。品牌首先使人们想到某种属性,例如奔驰牌汽车意味着价格昂贵、做工精湛、马力强大、高贵、转卖价值高、速度快等等。公司可以采用一种或几种属性为汽车做广告。多年来,奔驰的广告一直强调"世界上工艺最佳的汽车"。

2.利益(Benefits)。品牌不只意味着一整套属性,因为顾客不是在买属性,他们买的是利益。属性需要转化为功能性或情感性的利益。其中,耐久的属性可以转化为功能性的利益——"多年内我不需要再买一辆新车";昂贵的属性可以转化为情感性的利益——"这辆车让我感觉到自己很重要并受人尊重";制作精良的属性可以同时转化为功能性和情感性利益——"一旦出事时我也会很安全"。

3.价值(Values)。品牌也表明了一些生产者价值。例如,"奔驰"代表着高绩效、安全、声望及其他的东西。品牌的营销人员必须分辨出对这些价值感兴趣的购买者群体。

4.文化(Culture)。品牌也可能代表着一种文化。例如,"奔驰"汽车代表着德国文化,即组织严密、高效率和高质量。

5.个性(Personality)。品牌同时还反映着一定的个性。如果把品牌当作一个人、动物或物体,它应该能让人们想到它具有什么样的个性。例如,"奔驰"汽车可能会让人想到一位严谨的老板、一头猛狮或一座庄严的建筑。

6.用者(User)。品牌暗示了购买或使用产品的消费者类型。如果我们看到一位20来岁的秘书开着一辆"奔驰"时会感到很吃惊。我们更愿意看到开车的是一位50来岁的高级经理。

当受众可以识别品牌这6个方面的含义时,我们可以把这样的品牌称之为深度品牌;否则只是一个肤浅品牌。例如,"奔驰"就是一个深度品牌,因为我们能从6个方面理解它;"奥迪"的品牌深度就要差一些,因为我们不太容易理解它的独特利益、个性和用户特征。

(三)从品牌所包含的各种关系来看

从品牌所包含的关系来看,品牌是各种关系的总和。较早从品牌所包含的各种关系角度界定品牌含义的有美国著名咨询专家希尔·山姆(Hill·Sam)等。他与同事在1998年第2期的《战略与商业》(Strategy & Business)杂志上联合撰文指出,品牌就是"在供应商和买家之间创造一种互动的承认关系,它超越孤立的交易和特殊的个体"。

在奥美广告公司,他们把品牌定义为"消费者与产品间的关系。消费者才是品牌的最后拥有者,品牌是消费者经验的总和"。

联合利华的董事长Michael·Perry认为,品牌是消费者如何感受一个产品,它代表消费者在其生活中对产品与服务的感受而滋生的信任、相关性与意义的总和。

哈佛大学商学院戴维·阿诺(David·Arnold)教授认为,品牌就是一种类似成见的偏见,成功的品牌是长期持续地建立产品定位及个性的结果,消费者对它有较高的认同。

上海财经大学国际工商管理学院王新新教授于2000年提出,品牌是一种关系性契约,品牌不仅包含物品之间的交换关系,而且还包括其他社会关系,如企业与顾客之间的情感关系,企业之所以要建立品牌,是为了维持一种长期、稳定的交易关系,着眼于与顾客在未来的合作。

2001年,英国著名的品牌管理专家莱斯利·德·彻纳东尼在其所著的《品牌制胜——从品牌展望到评估》一书中作了较好的总结。他认为:"品牌就是通过它的员工,在顾客和品牌之间、员工和员工之间、员工和顾客之间或员工和拥有者之间所进行有关各种关系的一种积极的活动"。很显然,在他看来,不仅要重视品牌的外部关系,而且要重视品牌的内部关系,使二者之间保持协调和平衡。目前,国内品牌界的有识之士也认识到品牌是一种复杂的关系符号,它是产品、企业与消费者及其相关利益者之间的关系的总和。同时,强势品牌的建设还离不开政府、媒体的支持,因此,在品牌所包含的关系中,要重视和处理好企业与政府、媒体的关系。

从品牌所包含的各种关系的角度来认识品牌,表明人们已经充分认识到品牌不仅仅包含产品或服务,更是一种关系,如承诺关系、情感关系、合作关系和支持关系等。这类定义强调了品牌的最后实现由消费者来决定。这种界定强调品牌是一种偏向,是消费者或某些权威机构认定的一种价值倾向,是社会评论的结果,而不是自身加冕的。

(四)从品牌所创造的价值来看

从品牌所创造的价值来看,品牌是一种最重要的无形资产。资产和技能是企业维持竞争优势的基础。企业所拥有的资产可以分为有形资产和无形资产两部分。如今越来越多的企业意识到,无形资产是企业最重要的资产,而在无形资产中,品牌又是最重要和最具价值的无形资产。

美国学者 Alexander L Biel 认为:"品牌资产是一种超越生产、商品及所有有形资产以外的价值。品牌带来的好处是:其未来的品牌价值远远超过推出具有竞争力的其他品牌所需的扩充成本。"

台湾营销学家陈伟航则指出,品牌会渗透人心,因而形成不可泯灭的无形资产,品牌资产的妥善运用可以给企业带来无穷的财富。

国内知名品牌管理咨询专家和公共关系专家、北京华文宣易公关咨询有限公司总裁韩志锋认为,品牌是企业内在属性在外部环境中创造出来的一种资源,它不仅是企业内在属性的外部环境集中体现出来的(外化的)有价值的形象标志,而且因为其能整合企业外不同资源对企业内在属性发展产生反作用,它更是一种资源。

《大营销——世纪营销战略》一书对品牌这样定义:"品牌是一种独立的资源和资本,它是能够进行营运的……品牌是一种知识产权,也可以像资本一样营运,实现增值。"。

这一类定义的共同点是把品牌视为一种资产,是一种可以在未来产生现金流的极具价值的资源。品牌是企业可以长期维持竞争优势和赚取利润的源泉。尤其是20世纪90年代前后发生的一系列品牌并购事件,一些品牌资产的价值以高于企业有形资产数倍甚至十几倍的价格进行转让,于是品牌被认为是最有价值的无形资产。品牌资产的概念也由此而产生。当然,品牌不仅能够为企业创造价值,更是因为它能够为顾客提供价值。

以上四类对于品牌的定义都有其一定的合理性,无所谓孰优孰劣,只是各自侧重的视角不同而已,正如古诗中"横看成岭侧成峰,远近高低各不同"所云。

综上所述,我们认为,品牌是品牌主体(包括产品、企业、团体等社会组织,及国家、城市、个人等)一切无形资产总和的全息浓缩,也是用以识别某个销售者或某类销售者的产品或服务,并使之与竞争对手的产品或服务区别开来的商业名称及其标志,通常由文字、标记、符号、图案和颜色等要素或这些要素的组合构成。

品牌是一个集合概念,主要包括品牌名称(Brand Name)和品牌标志

(Brand Mark)两部分。品牌名称是指品牌中可以用语言称谓的部分；品牌标志是指品牌中可以被认出、易于记忆但不能用言语称谓的部分。

正确认识和深刻理解品牌的概念、精髓和功能，是正确开展品牌经营，建立强势品牌的基础。

2.2.2 品牌价值的内涵

在市场竞争日益激烈、顾客需求不断变化的国际竞争环境下，所有的企业都在梦想着如何使自己在众多竞争对手的产品和服务中脱颖而出，并持续地拥有忠诚的顾客；都在积极探索打造强势品牌的秘诀，努力实践通过建立和运用品牌资产而获得持续竞争优势。

企业的竞争已经从传统的产品和服务竞争上升到品牌竞争。纵观世界要屹立百年的大企业，无不是伴随着品牌成长的历程而发展起来的。麦当劳的餐厅开到世界上的每一个地方；微软公司的系统软件几乎运行在每台计算机上；人们购买手机首先想到的就是苹果；有钱人购车总是钟情于奔驰和宝马。这些跨国企业通过其强大的品牌影响力，不断成就其丰功伟绩。

品牌价值（Brand Value）是品牌管理要素中最为核心的部分，也是品牌区别于同类竞争品牌的重要标志。迈克尔·波特在其《竞争优势》一书中曾提到：品牌的资产主要体现在品牌的核心价值上，或者说品牌核心价值也是品牌精髓所在。

价值理论的多样化，使得品牌价值被赋予了不同的内涵。根据劳动价值理论，凯文·凯勒认为，品牌价值是品牌客户、渠道成员和母公司等方面采取的一系列联合行动，能使该品牌产品获得比未取得品牌名称时更大的销量和更多的利益，还能使该品牌在竞争中获得一个更强劲、更稳定、更特殊的优势。这一定义强调了品牌价值的构成因素和形成原因。新古典主义价值理论则认为,品牌价值是人们是否继续购买某一品牌的意愿,可由顾客忠诚度以及细分市场等指标测度。这一定义侧重于通过顾客的效用感受来评价品牌价值。由此可以看出,品牌作为一种无形资产之所以有价值,不仅在于品牌形成与发展过程中蕴涵的沉淀成本,还在于它是否能为相关主体带来价值,即是否能为其创造主体带来更高的溢价以及未来稳定的收益,是否能为使用主体带来情感和功能效用的满足。所以,品牌价值是在企业和消费者相互联系作用下形成的一个系统概念。它体现在企业通过对品牌的专有和垄断获得的物质文化等综合价值,以及消费者通过对品牌的购买和使用获得的功能和情感价值。

"品牌价值"一词关键在于"价值",它源于经济学上的"价值"概念。"品牌价值"概念表明,品牌具有使用价值和价值。仅从价值来看,"品牌价值"的核心内涵是,品牌具有用货币金额表示的"财务价值",以便商品用于市场交换。品牌价值是指品牌在某一个时点的,用类似有形资产评估方法计算出来金额,一般是市场价格。也可以说是品牌在需求者心目中的综合形象。品牌价值既可以是功能性利益,也可以是情感性和自我表现型利益,对于某一个具体品牌而言,它的核心价值究竟是哪一种为主?这主要应按品牌核心值对目标消费群起到最大的感染力并与竞争者形成鲜明的差异为原则。从品牌评价本身所依据的数据资料看,品牌的价值既不是一个虚幻的价值想象,也不是一个憋足了气吹起来的泡泡糖,而是企业品牌的市场竞争实力的具体体现。

《福布斯》会对各品牌三年内的收益进行研究,根据品牌在各自行业发挥的作用,算出收益代表的比例(例如,奢侈品和饮料的比例较高,航空公司和石油公司的比例较低),以此对全球超过 200 个品牌进行评估。

2017 年 5 月 23 日晚,美国商业杂志《福布斯》(Forbes)对外公布了第 7 份年度全球品牌价值榜 100 强榜单,上榜的 100 个品牌的总价值达到 1.95 万亿美元。苹果、谷歌、微软三家科技公司位居前三名,图 2.1 是福布斯 2017 年全球品牌价值榜前 10 名名单。

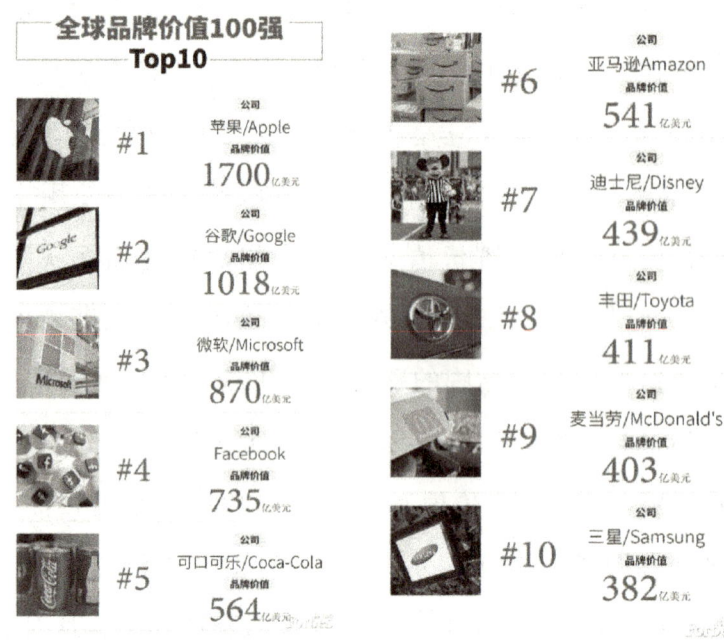

图 2.1　福布斯 2017 年全球品牌价值榜前 10 名名单

苹果公司已经连续七年获得品牌榜单首位，其品牌价值达到 1700 亿美元较去年上升了 10%，占据苹果最新总市值 8060 亿美元的 21%。谷歌以 1018 亿美元的品牌价值紧随其后，这也是谷歌连续第二年屈居第二。由于过去两年分别实现了 26% 和 23% 的价值增长，谷歌正进一步缩小与苹果的差距，公司在 Android、Chrome、Gmail、Google PlayStore、地图、搜索和 YouTube 等七大产品线及众多新技术研发正影响着全球数十亿人的生活。

福布斯每年都会在全球范围考察超过 200 个国际品牌并筛选出 100 个最具价值品牌，此份榜单中的 100 大品牌来自 15 个国家，美国以 56 家公司入围，独占鳌头，德国 11 个，法国 7 个以及日本 6 个紧随其后。科技企业以 18 家入围成为最热门行业，前十五名中有 9 家是科技公司，金融服务业有 13 家公司入围，美国运通以 245 亿美元领衔（第 22 位），快速消费品有 12 家公司入围，吉列以 192 亿美元位居行业第一（第 28 名）。

电商巨头亚马逊以54%的品牌价值增长成为增速第一的公司,以541亿美元的品牌价值位居第六,其推出的Prime服务会员数过去两年成功翻倍至8000万用户,相当于三分之二美国家庭成为了亚马逊的用户。Facebook(+40%),星巴克(+24%)和谷歌(+23%)同样表现不俗。IBM连续第二年成为品牌价值缩水"第一品牌",排名从两年前的第五滑落至第十三。

中国手机厂商、电信巨头华为以73亿美元的品牌价值位居排名第88位,比去年同期上升9%,成为仅有的一家上榜的中国企业。

从以上最新的全球品牌价值榜,我们可以看到目前中国的品牌现状并不令人乐观。在西方国家,中国的品牌还不是十分常见。此前,国际知名市场营销公司HD Trade Services对美国公民进行了一项调查,有94%的美国公民连一个中国品牌的名字都说不出。他们发现"MADE IN CHINA(中国制造)"比中国品牌更"深入民心"。同时在国际市场占有率方面,国际知名品牌在全球品牌中所占比例不到3%,但市场占有率却高达40%,销售额超过50%。而目前参与国际市场的中国企业中,拥有自主品牌的不到20%,自主品牌出口额在出口总额中的比重不足10%。国际市场上的中国产品也总是"低档品"和"便宜货"的形象,"中国制造"等同于廉价、低质。中国很多企业认为只要广告做得好,产品就卖得好,所以比较注重短期的销售行为,而在品牌的长期建设和维护上目光比较短浅。

打造强势品牌,实现品牌国际化,已成为中国企业的当务之急。2017年5月10日是中国国务院批准设立"中国品牌日"的第一个庆典日。而今,"中国品牌日"获国家层面批复,标志着"发挥品牌引领作用"上升到一个新的高度。当前中国品牌想要走出国门,首先就得放眼世界,找出和世界品牌之间的差距。只有认清现状,总结问题,才能寻找突破,这才是中国品牌打开世界大门的正确姿态。

正如前文中提到,"农家乐"多数规模较小,服务项目大同小异、千篇一律,大多数"农家乐"经营者对品牌的认识存在一定误区,他们中有些人认为,"品牌就是卖得贵,不适合农家乐";还有些人认为,"品牌是炒出来的,农家乐小本经营没资金来炒作品牌";也有些人认为,"品牌是大企业独有的,与中小企业无关,农家乐就更谈不上了"。因此,大多数农家乐经营者户始终认为,经营"农家乐"只是其家庭经济收入有益的和必要的补充,是其在从事农业生产之余的附属物,对"农家乐"的认识尚未提升到产业发展的高度上来。他们看不到品牌价值,所以他们就更谈不上打造品牌和进行品牌管理了。事实上,打造品牌同样也是"农家乐"经营者实现跨越式发展亟待解决的课题,因而他们面临着更大的机遇和挑战。

2.2.3 品牌管理的内涵

近年来,由于品牌价值的日益凸显,品牌管理成为当前企业管理领域里一个重要的理论,并引起了企业足够的重视。世界著名企业品牌的背后,都有一套科学系统的品牌管理体系作为支撑。因此,对品牌进行管理就具有非常重要的意义。

所谓品牌管理,就是指对品牌的全过程进行有效的管理,以使品牌运营在整个企业管理的过程中起到良好的驱动作用,不断地提高企业的核心价值和品牌资产,从而为品牌的长期发展打下基础。这是品牌管理过程中最为重要的工作,它承担着对品牌管理活动的计划、组织、实施、控制的职能。品牌管理贯穿品牌从孕育、成长到成熟、扩张甚至品牌终结的全部过程。其本质是调动企业的全部力量,以品牌为核心,实施对品牌创造到品牌提升的全过程管理。从定义可看出,品牌管理具有战略性、系统性和长期性等特征。

一个好的品牌管理,对于企业的自身发展和有效地参与市场竞争具有重要意义。

1.品牌管理是企业管理的时代选择

当今社会已经进入"无形控制有形的时代"。品牌管理作为一种全新的企业管理方式,是市场经济发展到信息化、全球化时代的产物。随着工业经济向全球化信息经济的过渡,企业将以品牌及品牌管理为核心,通过知识而不是金融资本或自然资源等来培植核心竞争力和竞争优势。传统企业管理的重心是产品经营,而产品经营的重心是产品生产;企业的资本经营管理是以资本运作为核心,最大限度地使资本增值是其首要任务;而品牌管理的核心则是提高品牌的竞争力,塑造强势品牌。产品管理的目的是通过对产品的生产和销售的管理达到利润最大化;资本管理的目的是为了实现资本的保值增值;而品牌管理的目的则是提高品牌的核心竞争力,厚积品牌资产,增强品牌对内外部资源的控制和利用。企业的产品管理与资本管理是企业生存与发展的基本手段,而品牌管理的内容也包括资本和产品管理,它以二者为基础。品牌管理让企业有可能摆脱自身金融或自然资源的制约,从而获得持续发展,因而具有强大的生命力和广阔的前景。

2.品牌是企业参与竞争的利器

品牌能在逆境中生存,且经久不衰。"在目前的经济环境下(指当时2008～2009年度比较恶劣的经济形势),很多企业的价值会有所下降,而此时,品牌会变得尤为重要,因为品牌能帮助公司在艰难时期坚持下去。"Millward Brown Optimor 的首席执行官 Joanna·Seddon 说:"那些在艰难时期会继续坚持对品牌进行投资的企业,在经济状况好转时,会比那些现在削减品牌投入的企业拥有更强的优势。"

3.品牌能够带来更强大的分销能力

在全球化的信息时代,拥有国际品牌的公司已经进入了全球所有市场,而且在打进市场的过程中,已设法建立了强大的分销渠道。这使它们能够更有效地为自己产品阵营中的其他品牌,即那些不如该品牌有名的品牌进行有效的分销,从而跨越市场界限,渗入市场,实现品牌延伸。特别是在品牌国际化和本土化过程中,企业可以通过有效的品牌管理来适应不同国家、不同市场的消费特点,来保证营销战略目标的最终实现。

4.品牌具有文化价值

品牌管理创造了一种多元的文化氛围。品牌通过内部管理融会全球文化,而品牌的国际化又促进了当地文化的发展。文化是一种管理、沟通和融合的工具,它把企业所在地的文化传播到其他地方,促进当地文化的多元化;同时,为了更好地进行经营管理,又把当地的文化吸纳进来,融入到品牌管理当中,在企业内部融会成一种更广泛的文化,从而起到了一种黏合剂的作用,保证企业内部凝聚到一起,使之更加强大,确保企业不因分处各地而四分五裂。

我们正处在一个充满机遇和挑战的品牌时代,衣、食、住、行都离不开商品消费,每个人每时每刻都在与各种各样的品牌打交道,品牌概念已深入人心。因此,树品牌、创名牌是摆在每个"农家乐"经营者面前的一大重中之重的任务。鉴于品牌管理的内涵和意义,"农家乐"经营者无论选择第一节中的哪一种经营管理模式,都必须采用品牌管理模式打造"农家乐"的强势品牌,从而在竞争中立于不败之地。目前国内的"品牌管理"研究主要是以企业作为研究对象,到目前为止还没有学者探索研究出一套主要适合"农家乐"经营者直接采纳的品牌管理模式。

国内一些学者在对"农家乐"旅游的现状分析的基础之上,提出一定的可持续发展对策。河南城建学院工商管理系张要民老师2011年在《安徽农业科学》杂志上发表《"农家乐"旅游核心竞争力模型构建及价值提升研究》,指出了我国"农家乐"旅游的发展困境,构建出核心竞争力模型,得出结论:在不计其他影响因素的情况下,"农家乐"旅游核心竞争力与"农家乐"旅游自身的质量及其独特性成同方向发展变化关系。"农家乐"旅游自身发展量越高,独特性越突出,核心竞争力就越强。

江西省铜鼓县人民政府副县长林育龙同志在分析"农家乐"旅游面临的困难和问题的基础上,提出发展"农家乐"旅游的对策和建议,其中提到了一条:强化培训、规范管理,不断提升"农家乐"旅游服务水平,积极培育和发展"农家乐"休闲旅游合作社、行业协会、旅游服务中心等中介服务组织,通过整合"农家乐"经营户的实力,对内加强统一服务和行业自律,对外树立品牌形象,统一参与市场竞争,将"农家乐"旅游产业向规范化转型,走精品、品牌化之路。

衢州职业技术学院艺术系陈民新、许金友两位老师2008年在《教学论坛》发表论文《"农家乐"VI设计的实践与思考》,依托帮助"七里乡"农家乐VI设计项目,调整课程设置和展开教学实践,为"七里乡"创意设计了"企业形象",其标志已通过了国家的注册,识别系统的设计(VI)也得到了专家、游客和七里乡乡民的赞同和认可。许金友老师又于2009年在《艺术探索》发表论文《"农家乐"企业形象设计与应用初探》,借用CI设计对"农家乐"进行品牌塑造、经营理念转化、操作模式创新等方面的研究和实践。这两篇论文都是在文献中首次对农家乐CI设计进行研究与实践,是塑造"农家乐"品牌的具体尝试。这篇论文相对于其他专家学者的研究而言具有一定的前沿性,但只涉及"农家乐"品牌的视觉识别一方面。

昌吉学院经济管理系侍晓雅老师2011年在《区域经济》发表论文《昌吉州打造农家乐品牌的对策分析》中提出昌吉州打造农家乐旅游品牌的几条对策:1.权责明确,加强引导和监管,为品牌创造环境;2.资源整合为品牌发挥效应铺垫基础,引导"农家乐"经营户树立"人无我有,人有我优"的经营理念;3.以现代文化为引领、以创意为动力打造品牌;4.品牌定位应该准确而有特色。这几条对策从政策指导上给"农家乐"指明了发展方向,但也没有形成一整套适合"农家乐"经营者塑造品牌进行经营管理的可操作性管理模式。因此本书第三章重点介绍将"农家乐"经营中各个环节统一为有机的整体,直接适合"农家乐"经营者参照实施的品牌模式。

2.3 网络推广的概念及其相关研究

2.3.1 网络推广的概念

(一) 网络营销的发展

网络推广的"网络"自然就是指互联网。而互联网起源于美国,1969年美国国防部资助其西海岸的四所大学和研究所,通过简单的通讯电缆将电脑连接起来,实现了互相通讯并称之为 ARPANET,目的是把美国各大院校中互不兼容的电脑连接起来,用于军事研究,这宣告了网络时代的到来。

进入 20 世纪 80 年代以后,ARPANET 的性质逐渐从军事科研网转变为民用商业网,规模迅速扩大,应用领域迅速拓展,并很快发展成为全球最大的计算机网络系统。网络营销是随着互联网进入商业应用而逐渐诞生的,尤其是在万维网(WWW)、电子邮件(Email)、搜索引擎等得到广泛应用之后,网络营销的价值越来越明显。

1994 点年 10 月,网络广告诞生;1995 年 7 月,全球最具代表性的网上商店之一亚马逊成立。1994 年被认为是网络营销的发展重要的一年,因为在网络广告诞生的同时,基于互联网的知名搜索引擎 Yahoo 等也相继于 1994 年诞生。这些都直接促成了网络营销概念的形成。从这些事实来看,可以认为网络营销诞生于 1994 年。此后,人们开始认真思考和研究网络营销的有关问题,网络营销的概念也逐渐开始形成。

1999 年,以阿里巴巴为代表的一批 B2B 网站不仅让企业间电子商务的概念热火朝天,也为中小企业开展网络营销提供了广阔的空间。电子商务的另一个重要分支——网上零售(B2C、C2C)的发展也为网络营销概念的推广发挥了积极的推动作用。2000年,Google中文网站的开通以及百度搜索引擎的出现,使得一些早期的搜索引擎在2000年之后开始日渐衰退甚至销声匿迹,但这些搜索引擎对网络营销的启蒙发挥了重要的作用。到2000年底,中国的网络营销应用已经具备了基本的外部环境,一些新的网络营销方法,如网络会员制营销等也开始在国内的网站出现,但总体来说网络营销仍处于概念阶段。

进入2001年之后,网络营销已不再是空洞的概念,而是进入了实质性的应用和发展时期,网络营销服务市场初步形成;网站建设已成为企业网络营销的基础;网络广告形式和应用不断发展;搜索引擎营销向深层次发展;网上销售环境日趋完善。

(二)网络营销和网络推广

网络营销英文为Cyber marketing或Online marketing等,但我们习惯称之为E marketing。我们将网络营销做出如下定义。广义范围而言,网络营销是指以互联网为主要手段,为达到一定营销目标的经营活动。狭义上来说,网络营销是企业整体营销战略的一个组成部分,利用Internet技术最大程度满足客户需求,达到开拓市场、实现盈利目标的经营过程。

广义上讲,通常我们所指的网络推广是指通过互联网手段进行的宣传推广等活动。狭义地说,网络推广的载体是互联网,离开了互联网的推广就不能算是网络推广,而且利用互联网必须是进行推广,而不是做其他的事情。

这样讲,网络推广的概念比较空洞。有比较才能有鉴别,我们通过同网络营销的概念进行比较,能更清楚地认识网络推广。

很多人将网络营销和网络推广混为一谈,其实不然。二者完全是两个概念。

网络营销偏重于营销层面,更重视网络营销后是否产生实际的经济效益。而网络推广重在推广,主要目的是利用各种网络推广方法,使产品尽可能让更多的人知道,更注重的是通过推广后给企业带来的实际流量、世界排名、访问量和注册量等,目的是扩大被推广对象的知名度和影响力,给企业带来品牌效应。

从投入上说,网络推广往往投入比较少,甚至一个人也可以操作;网络营销投入则比较大,通常不是一两个人能够完成的,需要团队协作来完成。

从执行上说,网络推广成功的关键是执行力;而网络营销主要靠的是创意和策略。

可以说,网络营销中必须包含网络推广这一步骤,而且网络推广是网络营销的核心工作。如果没有成功的推广,将很难让产品在网络中营销出去。网络推广是保证网络营销效果和成功的关键,是网络营销的重要组成部分。

2.3.2 网络推广的特征

网络世界对所有的人都是公平的,以至于名不见经传的小公司或淘宝店铺比大企业还好推广一些,因为网民们不想看广告,而大企业的东西,让人看到名字就觉得是广告。

特别是在金融寒冬之际,网络营销成为所有人关注的焦点,超低的物流,超广阔的推广半径,超前卫的营销手段,乃至超可观的利润收益。君不见,日本首富是如何炼成的,对,就是那个做优衣库的,很多人说他的成功是靠超廉价的服装,即那号称让上流社会以购买为耻的衣服,但它却成功开发了平民市场。但真正让优衣库成功的,还是网店,一个基于长尾理论的网上销售神话,就如同亚马逊、淘宝、易趣等的成功一样。

但归于原点,如果你的网上销售没有人关注会如何?这种事情是很常见的。有数不清的网站在同一天建立起来,有数不清的淘宝、微店之类的网店涌现出来,可网站建在那里了,网店开在那里了,就是没人来。花了大笔钱在其他网站上打广告,花了大笔钱去搜索引擎争取竞价排名,依然无济于事。其实原因很简单,是你没有掌握在网络上进行推广的正确方式。

网络世界就是这样,在它里面推广,不像传统媒体,你或许花了很多钱,但推广效果为零,也许不花一分钱,却能推广出一个"财富"世界。

由此我们可以看到网络推广在许多方面表现出了传统营销推广所没有的特点,主要表现在以下几大特征。

(一)超越时空限制

互联网能够超越时间约束和空间限制进行信息交换,使得品牌推广脱离时空限制进行交易成为可能。企业能有更多时间和更广阔的空间进行推广,可24小时随时随地地提供全球性针对性服务。每时每刻都有人上网,而每时每刻你的推广都可以展现在网民的面前。比如任何时候搜索"农家乐",我们都能看到有关"农家乐"的搜索结果。

(二)多媒体形式

互联网被设计为可以传输多种媒体的信息,如文字、声音、图像等,使得为达成交易进行的信息交换能以多种形式存在和交换,比如延庆青山园将农家乐的交通、全貌和内部设施进行航拍录制、剪辑成视频(如图2.2和2.3)放到优酷网上,以增加游客的直观感受。

再如延庆周家大院在中秋节前后将自制的月饼拍照发到网络上,吸引消费者光顾来品尝"农家"自制月饼,如图2.4和2.5所示。

图 2.2 青山园航拍的简单介绍

图 2.3 青山园航拍的鸟瞰场景

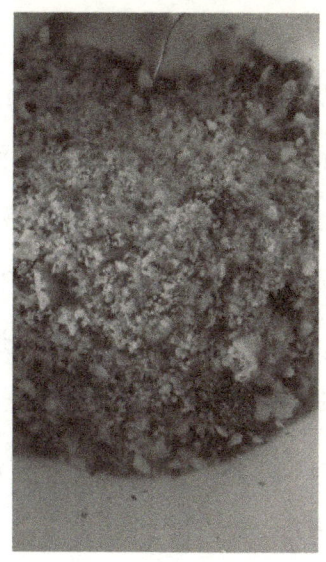 

图 2.4　周家大院自制月饼馅　　图 2.5　周家大院自制月饼出炉

图 2.6 是延庆百里画廊的李树枝农家院自制的扣肉,在网络上看到的游客受到视觉上的影响,看到扣肉会垂涎欲滴,渴望有时间亲自去品尝一下。

图 2.6　李树枝农家院自制的扣肉

(三)个性化的交互式沟通

互联网通过展示商品图像,通过商品信息资料库提供有关商品信息的查询,来实现供需互动与双向沟通。还可以进行产品测试与消费者满意调查等活动。互联网为产品联合设计、商品信息发布及各项技术服务提供最佳工具。而且互联网上的推广是一对一的、理性的、消费者主导的、非强迫性的、循序渐进式的,现实中推销员强势推销的模式不可能存在,比如消费者可以通过聊天工具和店主对商品详情进行明确探讨,也可以在论坛或朋友圈中详细浏览茶叶店老板在选购茶叶中的辛酸,就好像朋友一样在了解对方,在聊天和信息提供中,营销人员很容易与消费者建立长期良好的关系。

(四)不一定要技术精湛,但最基础的计算机和互联网技术是网络推广之中不可或缺的

网络推广是建立在以高技术作为支撑的互联网的基础上,要进行推广必须要有一定的技术支持,需要引进既懂营销知识又熟悉计算机操作的复合型人才,未来才能具备市场竞争优势。

(五)面向群体消费能力强大且数量众多

互联网使用者数量快速成长并遍及全球,使用者群体购买力通常较强,而且具有很强的市场影响力,因此互联网是一项极具开发潜力的市场渠道,因此,进行网络推广必须深刻掌握这部分群体的心理,知道他们想要什么,想买什么,想看什么。假如首饰销售商想在网上售卖老年人的结婚纪念饰品的话,最好不要直接对老年人进行网络推广计划,因为老年人群并不是网购的主力军,不妨修改一下推广方案,变成儿女孝敬父母的饰品礼物,主要打孝心牌,如果巧妙策划网络推广方案,或许会创造另一番天地。

因此结合网络推广的这几大特征,借助网络推广是"农家乐"经营者必须选择的一条路径,这也是非常适合"农家乐"自身发展的一种推广模式。

2.3.3 "农家乐"网络推广的研究现状

国内一些学者对乡村旅游和互联网应用的理论进行了论述。桂林旅游高等专科学校管理系韩林老师2004年在详细调查基础上提出,面对乡村自助旅游者游客对旅游信息的迫切需求,发展阳朔乡村旅游电子商务网站是最好的解决方案。湖北大学商学院旅游系熊剑平、刘承良和袁俊三位老师在2006年认为旅游信息成为行业重要战略资源,电子商务的发展为旅游业信息化提供主要支持,以国内外乡村旅游电子商务网建设为案例,从网络建设角度分析比较得出,国内乡村旅游电子商务发展处于初级阶段,电子商务网络结构与功能模式滞后。针对电子商务网络发展的现状,结合国际旅游电子商务网建设经验,对我国乡村旅游电子商务网络结构与功能设计进行理论归纳。秦皇岛职业技术学院徐水老师于2007年首先从乡村旅游的发展现状谈起,结合我国电子商务发展还处于初级阶段,提出乡村旅游企业具有广阔的电子商务发展空间。河北省地理科学研究所张丽云2009年对河北省乡村旅游的发展现状进行了分析,结合电子商务发展,提出河北省乡村旅游与电子商务的结合与发展策略。云南临沧师范高等学校教育技术中心的施建林和施荣连2009年在总结和借鉴其他行业成功的网络营销模式的基础上,结合乡村旅游特点及其在营销中存在的问题,提出乡村旅游营销模式应包括搜索引擎营销、无线营销、网络口碑营销。2013年笔者在参阅相关资料时发现,国内学者更多关注乡村旅游电子商务发展这一宏观课题,国内外关于农家乐网络推广涉猎不多,理论基础还很薄弱,没有形成京郊农户可以直接引用的网络营销模式。笔者在项目调研基础上,选择延庆县千家店镇下德龙湾村"鸿运旺源"农家院作为试点,经过实践推广摸索出适合农家院发展的网络推广模式,并于2014年完成论文《京郊农家院网络推广模式探索研究》的撰写,发表于《湖南社会科学》(北大核心)上。

  国内学者这两年在这一课题的研究取得了很大进展,研究更加精细化。南京农业大学燕雯2017年实地调查了南京市汤山七坊农家乐的"互联网+"实践状况,从电子商务、线上营销、文化体验3个层面分析七坊的餐馆、手工作坊、现代农场、采摘园等,发现当地"互联网+"融入尚且处于初级阶段。建议以技术进步为基础、农村信息化为核心、农民互联网化为根本、旅游智能化为形式,促进"互联网+乡村旅游"的发展。石河子大学经济与管理学院也将视角集中到"农家乐",2015年提出一些"农家乐"网络营销的对策。苏州旅游与财经高等职业技术学校范妮娜于2016年提出一些树山村农家乐网络营销发展对策。但学者的研究还是仅限于从宏观角度建议农家乐网络营销的发展对策,依然没有形成"农家乐"经营者可以直接采用的网络推广模式。互联网发生着日新月异的变化,网络营销手段也在变化,笔者在2014年摸索出适合农家院发展的网络推广模式同样需要进行改进和完善,因此第四章笔者在完善之前的研究成果,结合"互联网+"背景,形成一套适合"农家乐"经营者可以直接采用的网络推广模式。

第三章 "农家乐"的品牌管理模式研究

众所周知,品牌基本上有三个层次,第一是它的知名度,第二是美誉度,第三是忠诚度。如果一个品牌只是现在有名,现在大家说好,这只是一个现在的位置优势,如果没有长期的持续完善、不断创新的精神或者运作能力,那么这一品牌就不能持久。一个持久的品牌才是持久竞争优势的一个坚实的后盾。

国外先进企业创建品牌时都采用先进的品牌管理模式,取得长久的效益。品牌管理是对品牌的全过程进行有机的管理,以使品牌运营在整个企业运营中起到良好的驱动作用,不断提高企业的核心价值和品牌资产,为企业造就百年金字招牌打下基础。在我国加入WTO,经济的全球化以及休闲旅游的国际化等等这些大前提的影响下,我国的"农家乐"不由自主地被带进了激烈的品牌竞争时代。

市场经济体制下目标消费者的旅游需求日趋丰富多样,越来越呈现出个性化的倾向,"农家乐"经营者应秉承传统、锐意创新、办出特色,以满足个性化"旅游消费者"的需求,做到"人无我有、人有我优",走品牌管理的特色之路,从传统之处、突出之处和独到之处深刻省察,锤炼出自身的经营特色,形成品牌,辐射社会。面向市场,"农家乐"如何确定自身的整体优势或特色?如何提高"农家乐"的知名度、美誉度,培养消费者的忠诚度,是当前"农家乐"旅游实现跨越式发展亟待解决的课题。如何构建"农家乐"旅游的品牌管理模式呢?笔者认为,为了规范"农家乐"经营,促进其可持续性健康发展,应该着重抓好以下工作。

3.1 强化相关利益者的品牌管理意识,打造"农家乐"品牌管理之魂

"创业难,守业更难",一个"农家乐"品牌的建立不是短时间就能实现的,需要时间的积淀,需要一个持续不断的努力过程,同时也是一个综合因素整体推进的过程。"农家乐"的品牌成长,是一个从品牌知名度提高到品牌美誉度,最后上升到品牌忠诚度的长期经营、循序渐进的过程。因此,"农家乐"品牌管理过程中,"农家乐"相关利益者首先需要树立品牌管理意识。因而,各级政府、"农家乐"经营者,以及"农家乐"全体接待服务人员都要强化品牌意识和精品意识,共同努力创建和谐乡镇,为"农家乐"品牌奠定良好的基础。

3.1.1 "农家乐"品牌管理的质量意识

质量是品牌的核心。品牌质量应该是产品质量和服务质量二者的有机结合。与企业有形产品相比,"农家乐"作为旅游服务组织,对其进行品牌管理,质量包括提供服务的质量和游客体验到的质量。"农家乐"的品牌管理质量,主要来自于各相关利益者,包括各级政府、"农家乐"的经营者、全体工作人员,第二章介绍的有些管理模式中还有投资方、旅游协会等。

"农家乐"旅游经营者大多是当地的农民,文化层次较低,也没有接受过相关培训,缺少适合农家乐持续发展的经营理念和管理策略,导致"农家乐"服务质量难以提升,品牌难以得到认可,游客需求不能得到很好的满足,这些都不利于"农家乐"旅游的长远可持续发展。图3.1是333名消费者耳熟能详的"农家乐"旅游品牌的调查结果饼图,其中128人选择没有,占调查总人数的38%,102人选择1—2个,占调查人数的31%,中国企业的品牌发展与西方国家相

比差距甚远,而"农家乐"品牌现状更是不容乐观。这和"农家乐"经营者片面追求短期利益,不考虑品牌建设有很大关系。

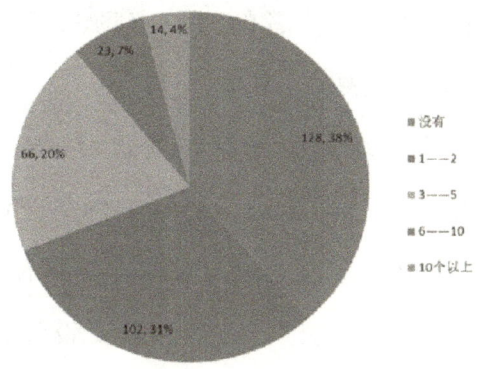

图 3.1 消费者耳熟能详的"农家乐"旅游品牌的调查结果饼图

图 3.2 是 333 名消费者对"一般而言,您非常关心'农家乐'旅游的品牌"的同意程度,其中 16％的消费者选择了"比较同意",25％的消费者选择了"非常同意",加起来共占 41％,也就是说有 41％的消费者面对选择时倾向于选择品牌"农家乐"。

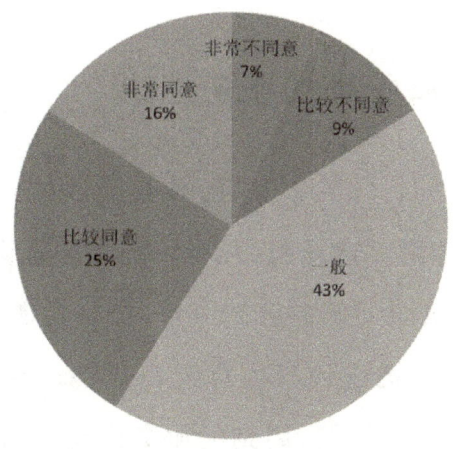

图 3.2 消费者对"关心'农家乐'旅游品牌"的同意程度饼图

首先,当地政府应加大对"农家乐"旅游的相关科学知识宣传,定期进行"农家乐"旅游科普讲座;其次还要加强农民的思想道德建设,树立正确的"农家乐"旅游观念，培养他们良好的服务意识，提高服务接待能力，与游客建立良好的关系；提高"农家乐"工作人员的文化素质，定期开展文化课堂，完善农民教育培训体系，提升"农家乐"经营者的旅游市场意识和现代经营理念，促进"农家乐"经营者管理素质的提高。

同时，政府要加大对农村基础配套设施的建设，加快农村的电、路、水、气的建设，加强通往农家乐旅游目的地的交通运输网络建设，以及各交通道路旅游交通标识建设和完善提高全景区标识，为游客提供便捷的服务。周边景区要提高自身景区接待设施建设，"农家乐"经营者要设计、提供好住宿、餐饮、娱乐等配套设施，在保证原有农村特色风貌的基础上，保证游客住宿环境干净、整洁、舒适，保障饮食卫生、安全，娱乐休息室设备齐全。

其次，"农家乐"工作人员的形象是"农家乐"品牌管理的前提和保证。"农家乐"经营者要营造品牌文化，影响和感染全体工作人员。工作人员的敬业精神、人际关系、仪表仪态乃至言谈举止，都从不同角度影响"农家乐"的品牌质量。

3.1.2 "农家乐"品牌管理的服务意识

"农家乐"旅游是一种特殊的服务，游客是服务的对象。在市场经济体制和买方市场主导中，游客愿意选择服务质量高、服务意识强的"农家乐"品牌消费。"农家乐"经营者应充分了解游客的需求，把满足游客的合理需求作为"农家乐"品牌追求的目标，并把这种服务意识引进"农家光"品牌管理的各个环节。"农家乐"品牌必须建立热情、周到的服务观念，为游客提供精细化服务。游客的满意度和回头率是对"农家乐"品牌经营和管理水平的最好说明，因此要重视和游客之间的交流。

3.1.3 "农家乐"品牌管理的文化意识

文化是品牌的灵魂。任何知名的品牌都有着深厚的文化底蕴和明确的管理理念。企业文化是企业全体员工创造的,同时它也会影响企业的每一个员式。"农"村朴实无华的文化是"农家乐"品牌的文化精髓,是品牌的灵魂。若品牌没有了灵魂,也就失去了生命力。

"农家乐"品牌应有自己的独特的品牌文化,在整个"农家乐"管理中应营造一种求实、创新的文化氛围。以独特的品牌文化为支撑,才能为"农家乐"的品牌管理奠定基础。

3.1.4 "农家乐"品牌管理的危机意识

强者生存,弱者淘汰。如果产品和服务被竞争对手超越,就会被市场淘汰。为避免此类风险,"农家乐"经营者和工作人员要树立危机意识,还要经常对"农家乐"品牌进行维护与管理。因此,"农家乐"经营者和全体工作人员要树立品牌意识,不断提升与发展自己,注意维护与顾客的关系。

将品牌视为资产的重要组成部分,农家乐品牌战略的实施不仅是"农家乐"经营者家庭的事情,也是政府优化产业结构的职责所在,政府应当参与其中,引导"农家乐"旅游进行品牌推广,以此来提升行业的整体形象。政府、公司、当地农民旅游协会、旅行社以及其他领域行业可以一起协作,全面开展"农家乐"星级评定和挂牌经营,实施农家乐特色乡(镇、街道)和村(点)创建工程和精品培育项目,要突出各个地方的主题、鲜明的地域特色的农家乐品牌,同时更需要的就是运用科学的管理方法进行品牌管理。

3.2 精化品牌设计，深化"农家乐"品牌的视觉、听觉效应

当市场进入品牌竞争时代，品牌设计就成为人们经常挂在嘴边的时髦词汇。据统计，企业每投在品牌形象设计上1美元，所获得的收益为227美元。如此诱人的投资回报率，引起企业界对品牌设计趋之若鹜。品牌设计是现代企业价值的一种体现，同时也是企业生存的一种保证。在产品的价格、质量和功能都类似的情况下，品牌的设计就成为企业主导消费的一种重要因素。本节的品牌设计是指对品牌名称、标识、形象、包装等方面结合品牌的属性、利益、文化、表现进行的设计，因此本节主要对"农家乐"品牌的名称、标识、形象或包装等方面提出精细化设计理念，从而达到加深旅游消费者对"农家乐"品牌的视觉、听觉效应，从而提升"农家乐"品牌的知名度，才能建立真正成功的品牌形象。

3.2.1 "农家乐"品牌设计的指导原则

品牌设计的目的是将品牌个性化为品牌形象，"农家乐"的经营者自身进行设计考虑或是请专业设计人员为其在进行品牌设计时，都应遵循以下几个方面的原则。

(一) 整体性原则

"农家乐"的品牌设计应从"农家乐"内外部环境、传播媒介等方面综合考虑，做到品牌内在理念、核心价值、个性等与品牌外在表现形式如符号、标识、形象等的一致，以利于全面贯彻落实品牌管理模式的实施。具体而言，就是品牌设计要适应"农家乐"的内外部环境，符合"农家乐"的长远发展需要，实施时

具体措施要配套合理,以免因某一环节的失误而影响全局。

(二)以游客为中心的原则

品牌设计的目的是表现品牌形象,只有为游客所接受和认可,设计才是成功的。以游客为中心就是要做到以下几点。

1.进行准确的市场定位。对目标市场不了解,品牌设计就是"无的放矢"。

2.努力满足游客的需要。消费者的需要是企业一切活动包括品牌设计的出发点和归宿,IBM获得成功并长期持续发展的最大奥秘就在于其一切以顾客为中心的企业理念。因此,"农家乐"的品牌设计首要尽可能考虑游客的需要。

3.2.2 起好"农家乐"的品牌名称,做好创立"农家乐"品牌的第一步

"从长远观点来看,对于一个品牌来说,最重要的就是名字",美国当代营销大师阿尔·里斯在《打造品牌的22条法则》中这样说。品牌视觉感知固然极为重要,然而品牌命名才是创立品牌的第一步。

说到命名,不由得想起孔子的那句:"名不正,则言不顺;言不顺,则事不成",并且根据这句经典延伸出的一个成语:名正言顺!一个好的名字,是一个企业、一种产品拥有的一笔永久性的精神财富。一个企业,只要其名称、商标一经登记注册,就拥有了对该名称的独家使用权。一个好名字能时时唤起人们美好的联想,使其拥有者得到鞭策和鼓励。

Dawar & Parker(1994年)发现,消费者在判断产品质量时,在价格、外观和品牌名称三者中更加依赖品牌名称,所以,"最重要的品牌建设决策是为你的产品或服务命名,因为在长期的营运过程中,品牌除了名称没有别的"(Rues & Ries,2002年)。Aaker(1991年)也说,品牌名称是企业最重要的资产之一。

营销大师阿尔·里斯还说过,"实际上被灌输到顾客心目中的根本不是产品,而只是产品名称,它成了潜在顾客亲近产品的挂钩"。

同样,"农家乐"的品牌管理和企业一样,必须重视品牌名称的确定。因为品牌名称是指品牌中可以用语言清楚表达出的部分,也简称"品名",如汽车中的奔驰(Benz)、奥迪(Audi)、宝马(BMW)、大众(Volkswagen)都是其各自生产厂商的品牌名称等。品牌名称是语言长廊中的一道景观,是形成品牌概念的基础。

为品牌命名也是一门学问,其中蕴藏着无穷的奥妙。一个好的品牌名称能够极大地激起游客的兴趣,给"农家乐"品牌起一个好名字,是做好吸引游客的第一步。"农家乐"品牌名称的确定也应该遵循一定的原则。

(一)品牌名称应该简单易记忆

为品牌取名要遵循简洁的原则。品牌名称应该易说、易拼、易读、易懂。心理学研究表明,人们的注意力很难同时容纳五个以上的要素。根据这一原理,品牌名称应该力求简短,容易发音。另外,来自心理学家的一项调查分析结果表明,在人们接受到的外界信息中,83%的印象通过眼睛,11%借助听觉,3.5%依赖触摸,其余的源于味觉和嗅觉。基于此,为便于消费者认知和记忆,"农家乐"品牌命名应该简洁醒目,易读易记。为此,不宜把过长的和难以识别的字符串作为品牌名称。例如,怀柔渤海镇紧邻慕田峪的有一家"鱼师傅"农家乐,如图3.3所示。"鱼师傅"这个名字就很简洁明快,同时非常容易发音,游客感觉易读、易记和易于广播。

(二)品牌名称应该与众不同

品牌名称应该与众不同,具有独特性。只有独特才有利于品牌脱颖而出,也才能满足消费者追求新奇、厌倦重复的心理。

很多"农家乐"经营者在命名中没有开动脑筋,采用自己姓名直接命名为

图3.3 "鱼师傅"

"某某某农家乐"或"某某某农家院",或是以农家乐主人们名字中某几个字直接命名"某某农家院",这种直呼其名式的命名方法,淳朴是淳朴,但是农村本来重名现象就很普遍,这样"农家乐"命名重复率非常高,而且也缺乏特色,难以吸引游客的眼光。表3.1是调研的333名消费者针对不同的"农家乐"品牌命名方式,做出倾向性选择的数据。其中,只有69名游客愿意选择直接以主人姓名命名的"农家乐"品牌(如"王小二农家院"),占参与调查总人数的20.72%;只有62名游客愿意选择直接以主人姓名中某几个字命名的"农家乐"品牌(如"旺萍农家院"),仅占参与调查总人数的18.62%;参与调查的消费者更倾向于选择以农家乐主人姓氏命名(如徐家大院)和以农家乐主人姓名加工命名(如青山园)两种品牌命名方式,这两种选择占参与调查总人数的35.14%和34.53%,都超过了30%。

因此在众多令人眼花缭乱的"农家乐"品牌中,游客肯定会直接跳过过于平淡无奇的名字。要使品牌名称与众不同,首先要突出自己的个性与特色,这样的品牌名称因其独特的个性而易记。品牌要做到独特,一是坚持取材的广泛性,不拘泥于定型化的象征词语;二是不盲目跟从时尚;三是切忌模仿和抄袭。

表 3.1 游客倾向选择的"农家乐"品牌命名方式

品牌命名方式	游客选择	百分比
以农家乐主人姓名直接命名	69	20.72%
以农家乐主人名字中某几个字直接命名	62	18.62%
以农家乐主人姓氏命名（如徐家大院）	117	35.14%
以农家乐主人姓名加工命名（如青山园）	115	34.53%
用当地地名或景点命名（如石湖春山庄、龙庆峡农家乐）	72	21.62%
用比较吉祥的字词命名（如如意山庄农家院）	58	17.42%
无所谓	79	23.72%

(三) 品牌名称应该更有文化内涵

意义是指品牌名称能给消费者以联想的信息的多少，一个容易联想到许多内容的词意义性就高。词的意义性对词的记忆有一定的影响。Paivio (1996)等人的研究发现，高意义词的记忆效果比低意义词的记忆效果要好。"农家乐"旅游面对的消费者群体的知识层次更高，所以其品牌命名应该更有文化内涵，读起来要有韵味，例如，怀柔渤海镇还有一家"农家乐"品牌名为"鱼家傲"不仅好记，而且听起来更有故事和讲究，听到这个名字，一定感觉非常特别，耳闻不如眼见为实。到"农家乐"旅游的游客一定是想躲避城市的喧嚣，到农家感觉乡间的气息，这个名字给人非常亲切的感觉。

(四) 品牌名称应该反映"农家乐"的属性

品牌名称应该能够反映"农家乐"的特征和功能。最常见的陈述就是功能性利益，即为消费者提供基于产品属性的功能性效用利益，或是说品牌名称应该能够反映出产品的一些特点，让消费者知其所以云。在表 3.1 中只有 58 名消费者选择了与农家乐主人姓名、当地地名和景点都无关，用比较吉祥的字词命名的"农家乐"品牌（如如意山庄农家院），选用的吉祥字词一定要能够反映"农家乐"的特征和功能，才能吸引游客的目光，如果没有关联，游客会感觉这个"农家乐"品牌命名非常怪异,可能不愿意光顾。"农家乐"品牌命名要能让消费者听到名字便能有一种拥抱自然的放松休闲情怀。

(五)"农家乐"品牌名称要有亲和力

品牌名的亲和力取决于品牌名称用词的风格、特征、倾向等因素。例如有个亲子休闲的"农家乐"名叫"田妈妈农乐园",之所以起这个名字,是因为经营者希望让田野、大地成为每个小朋友成长过程中的好伙伴,像妈妈一样用绿色呵护每个宝宝的健康成长。这个名字读起来既亲切又上口,亲和力很强,而且还充分体现出了经营者的情怀。

(六)品牌名称要有一定的空间性

品牌名称要有一定的空间性是指品牌名称在变化的环境中能够延续,为"农家乐"以后开发新产品和延伸发展奠定基础。因此,"农家乐"经营者一定要广泛地分析和研究各个国家、地区、民族的风俗习惯、文化传统,以尽可能地迎合其偏好,避开其忌讳。

品牌名称是品牌中可以用言语读声的部分,是"农家乐"品牌听觉体验的最直接表现,是给予消费者印象和重复记忆的最常用工具。因此,品牌名称是"农家乐"品牌的第一笔无形资产,对于"农家乐"创建品牌来说至关重要。

3.2.3 设计好"农家乐"的品牌视觉识别,打造"农家乐"品牌管理的形象

一个好听的名字是"农家乐"品牌的听觉体验,本节就从视觉识别的角度来对"农家乐"品牌进行设计,通过品牌名称、标志、标准字、标准颜色等视觉要素在各种视觉载体上的应用,并对各种载体进行创意设计,把品牌理念以视觉方式传达给消费者。品牌视觉是品牌向消费者进行传播的有效方式。

品牌视觉是传递品牌形象力的有效方式。品牌视觉是消费者接触品牌的

最直接方式,消费者对品牌信息的获取大部分都是通过品牌视觉,消费者很大程度上是通过品牌视觉对品牌进行认知,所以品牌视觉的设计直接影响着品牌形象力。

(一)品牌标识设计

品牌名称是品牌中可以用语言表达出的部分,品牌标识(也称品牌LOGO)则是品牌中那些可以被识别,但不能用语言表达出的部分。

品牌标识是一种"视觉语言",它通过一定的符号、图案和明显的色彩与字体来向消费者传输某种信息,达到识别品牌、促进销售的目的。品牌标识自身能够创造品牌认知、品牌联想和消费者的品牌偏好,进而影响品牌体现的品质与顾客的品牌忠诚度。

我国"农家乐"经营者品牌管理意识普遍不强,因此在品牌标识方面大多数"农家乐"经营者都没有找专业人员帮助设计,目前只有少数开明的经营者通过举办"品牌名及LOGO"有奖征集活动或是在一些威客网站发布任务的方式找专业人士帮助设计。对于品牌管理来说,品牌标识是门面,应该重视。即使目前资源有限,没有精力物力请专业人士帮忙设计专门的品牌标识的话,实际上,农家乐门前挂着的"幌子"就是一种LOGO,要求又要明显,又可以和周围的环境相融洽。表3.2是对333名消费者调查,了解他们倾向于选择的"农家乐"品牌名称展示方式,其中125名游客选择印刷字体木匾这种方式,占第一位,108名游客选择了门口石头上刻字方式,为第二位,另外,103名游客选择了传统的门口木牌手写这一方式,这种方式需要书写者书写得有特色,能够吸引游客并给游客留下深刻印象,而不是简单地随意写上名字,而游客最不喜欢的方式就是在村口拉条幅,影响"农家乐"的整体环境布局。

有些乡镇政府统一组织了"农家乐"标识牌工作,新的标识牌既整洁又美观,统一"农家乐"标牌后,"农家乐"都成为了当地乡镇一道靓丽的风景线。统一"农家乐"标牌,既给"农家乐"经营者带来实惠,提升了"农家乐"经营的集约化优势,又提高了整体环境整洁度。这是非常值得其他乡镇政府学习和加以推广的。

表3.2 消费者倾向于选择的"农家乐"品牌名称展示方式

"农家乐"品牌名称展示方式	游客选择	百分比
门口木牌手写	103	30.93%
马路边立印刷体指示广告牌	91	27.33%
村口拉条幅	48	14.41%
印刷字体木匾	125	37.54%
门口石头上刻字	108	32.43%
无所谓	87	26.13%

如果当地乡镇政府没有统一品牌标识,"农家乐"运用品牌管理模式的话,就要有自我的品牌标识,对外宣传时可以采用,这样有助于品牌的塑造和传播。风格独特的品牌标识能够吸引消费者对该品牌产品或服务产生好的印象,也是帮助消费者记忆的利器。农家乐的品牌标识可以根据品牌定位选用图形形式或是精致化设计的文字,也可以是由自然图形、几何图形与字母等多种元素互相配合构成。广告宣传册、"农家乐"员工服装和环境布置采用统一品牌标识的形式,展示同一形象,增强消费者对品牌的注意力。

(二)品牌标准字设计

品牌标准字是指经过设计的专用来表现"农家乐"名称或品牌的字体,是品牌形象识别系统中的基本要素之一,应用广泛,常与品牌标识联系在一起,具有明确的说明性,可直接将企业或品牌传达给消费者,与视觉、听觉同步传递信息,强化"农家乐"形象与品牌的诉求力,其设计与品牌标识具有同等重要性。因此,品牌标准字设计在视觉识别系统中备受重视,假如没有专门设计品牌标识,就一定要进行品牌标准字设计。品牌标准字设计可分为书法标准字体、装饰标准字体和英文标准字体的设计。无论是哪种字体设计都必须为"农家乐"品牌定位这一核心服务，可以运用夸张、明暗、增减笔画、装饰等手法，也可以以丰富的相象力重新构成字形加强标准字的内涵。在设计过程中，不仅要求单个字形美观，还要使整体风格和谐统一，具备理念内涵和易识易读性，便于信息的传播。

(三)品牌标准色设计

品牌标准色设计是指"农家乐"经营者应为塑造独特的品牌形象而确定某一特定的色彩或一组色彩系统，运用在所有的视觉传达设计的媒体上，通过色彩特有的知觉刺激与心理反应，来表达"农家乐"品牌的核心理念和特色。品牌标准色具有差异化和系统化的特点，因而其在"农家乐"品牌形象上具有较强的传播和识别功能。

品牌标准色设计是在确定品牌定位基础上设计品牌整体形象，考虑选择哪种颜色才能体现品牌形象的物质，如果选用两种或两种以上的颜色，通过合理搭配追求色彩组合的对比效果来增强色彩韵律的美感。颜色的搭配并非各种颜色的简单平均分配，而应有主次、轻重之分。

(四)品牌吉祥物设计

品牌吉祥物是象征"农家乐"品牌理念、产品品质和服务精神的，富有鲜明特色的或具有纪念意义的具象化图案。这个图案可以是图案化的人物、动物或植物。选择一个富有意义的形象物，经过设计，赋予具象物人格精神，以强化企业性格，诉求产品品质。

品牌吉祥物又称品牌造型，它是通过平易近人、亲切可爱的造型，给人制造强烈的记忆印象，使其成为视觉的焦点，以此来塑造企业识别的造型符号，直接表现出"农家乐"的品牌管理理念和服务特色，尤其是服务于亲子休闲的"农家乐"更可以借助萌萌的品牌吉祥物吸引儿童的兴趣，加深儿童的印象。

品牌吉祥物设计应符合以下要求。

1.个性鲜明,图形应富有品牌特色或具有纪念意义,并与"农家乐"品牌定位有必然联系。

2.图形形象应有亲切感,让人喜爱,以达到传递信息与增强记忆的目的。

3.由于使用的内容和媒介的不同,必须便于重新组织内容,以设计新的形态,进行各种姿态和角度的设计。

4.一个易记并富有趣味的名字能帮助游客尤其是儿童更快地记住卡通吉祥物。有了名字,就同单纯的卡通形象区分开来,有了更强的人情味。

总之,吉祥物应该是一个造型简洁、活泼可爱、色彩明快、极具亲和力、人见人爱、性格明确的形象,必须与"农家乐"品牌、产品或主题产生情感联系,并具备发展延伸的设计空间。

(五)品牌包装

虽然"农家乐"品牌的重点是给游客提供旅游体验,但有些游客还会购买一些新鲜的鸡蛋、现摘的瓜果蔬菜和山上采摘晾晒的蘑菇带回家中。虽然游客购买这些商品主要是图新鲜营养,但有些经营者随便用旧纸箱、普通塑料袋包装,失去了很好的传播品牌的机会。包装是"农家乐"品牌对外宣传的一个形象,一个良好的包装不仅可以提升品牌的价值,还可以提升品牌的形象。因此,包装也是"农家乐"品牌设计的一个重要要素。

"农家乐"品牌包装没有必要过于奢华,要具有乡土特色,例如现摘的瓜果蔬菜、山上采摘晾晒的蘑菇虽然新鲜喜人,但不易携带,可以用当地草编、竹编的小筐、小篮,小筐、小篮印有或是刻有"农家乐"品牌标识,扎上彩带,既好拿又好看,游客还可以当作礼品送人。"农家乐"品牌包装设计采用绿色包装理念,减少对生态环境和人类健康的伤害,能重复使用和再生,可持续发展。

"农家乐"品牌的经营者起好品牌名称,做好品牌设计,还要防止其他竞争者的竞相模仿,要对自身品牌权益做好保护,因此要给自身的品牌名称和品牌标识竖起一把法律上的"保护伞"。"农家乐"品牌的经营者要把自己精心选取、设计的名字和品牌标识拿到相关部门注册登记,获取专用权,同时还要一并注册防御性商标,保护自身品牌的权益。

3.3 做好品牌定位,凸显"农家乐"品牌管理的核心

3.3.1 品牌定位理论

早期的品牌塑造大多是通过广告来实现的,因此当时的品牌传播理论多为广告理论。从演变过程来看,定位理论的演进大致经历了三个阶段:USP理论、品牌形象理论及品牌定位理论。

(一)USP 理论

USP(Unique Selling Proposition)指的是一个广告中必须包含一个向消费者提出的不同于竞争者的销售主张。该理论是由美国达彼思广告公司的董事长劳斯·瑞夫斯于20世纪50年代提出的。USP理论的三个基本特性分别如下。

1.独特性。独特性通常表现为竞争对手所没有的功能利益,如摩托罗拉曾推出世界上最薄的手机,沃尔沃汽车的独特性表现为"安全"。

2.相关性。独特的品牌特性必须与消费者的需求相关,要对消费者产生强大的吸引力并集中传播,才能产生强劲的销售能力。如沃尔玛"天天平价"吸引了大批注重实惠的消费者。

3.功效性。每一个广告都应强调产品的一种独特功效并对顾客的购买需求提出建议。如清扬洗发水"水润去屑"、飘柔洗发水"使头发柔顺"、潘婷洗发

水"修复受损发质"等。

同时,USP理论提出三条实施原则。

1.每则广告必须向顾客提出一个主张。每个广告所强调的产品的功效应该是唯一的,如潘婷洗发水强调"修复受损发质",而不是同时强调"修复受损发质、使头发柔顺"等。

2.这个主张必须是竞争对手所不能或不曾提出的。广告所提出的销售主张必须是独特的、新颖的,这样才能有卖点,吸引顾客的眼球,占据有利位置。

3.这个主张必须有足够的促销力,能吸引并打动顾客。销售主张必须与消费者的需求相一致,才能对消费者产生吸引力。

(二)品牌形象理论

该理论是20世纪60年代形象时代的广告大师大卫·奥格威(David Ogilvy)提出的。这个时期正处于营销观念由推销观念向市场营销观念的转变时期,具体表现为商品种类和数量的增多、买方市场开始形成、商品之间的差异性变小。消费者不仅注重产品的功能利益,而且开始注重产品的声誉和形象。品牌形象理论的三个基本要点如下。

1.随着产品的同质化,消费者对品牌的理性选择减弱,因此描绘品牌的形象要比强调产品的具体功能特性更重要。

2.人们同时追求功能及感性利益,因此广告应注重赋予品牌更多感性利益来满足消费者的心理需要。

3.任何一则广告,都是对品牌形象的长期投资。广告应该努力去维护一个好的品牌形象,甚至不惜牺牲短期利益。

(三)品牌定位理论

1969年Jack Trout在美国《产业营销》上发表了题为《定位:同质化市场突围之道》的文章,提出通过定位来突破同质化的瓶颈;1981年AlRies和Jack

Trout联合推出《定位:攻占心智》一书,该书系统阐述了定位理论。可以说,定位及其衍生理论已经成为营销的主流指导思想。定位理论被公认为是"有史以来对美国营销影响最大的观念"。Philip Kotler这样评价定位理论:"Al-Ries和Jack Trout深刻揭示了消费者内心对某个品牌的现行定位或重新定位的心理活动的本质。"

品牌定位理论的基本内涵如下。

1.定位的起点是目标消费者的心理,而不是产品本身。

2.明确产品的目标市场,将产品在目标市场的顾客心里定下位置。

3.对可能的市场和可能的顾客施加一定的营销影响,并通过策划和创意,制造产品的显著社会声誉,以形成品牌竞争市场位势(采用形象论的一些技术性方法。

4.品牌定位的最高境界应该是在品牌内部结构方面,利益点与支持点巧妙地结合在一起,并以单一信息传播的方式,传递给消费者。

5.不要试图去改变顾客心理,顾客心理一旦形成,极难改变。

6.跟随领先品牌的"me too"(我也这样／我也有)策略是无效的。

7.品牌在顾客心里有特定的排列梯度。

从理论提出的时代背景可以看出,三个理论有一定的替代性:USP理论产生于产品理性利益盛行的时代,因此更加关注产品本身;品牌形象理论产生于产品同质化严重、差异化功能难以区分的时代,因此关注品牌;定位理论产生于信息爆炸时代,因此更加关注消费者的心理需求。当然,理论也在不断地演变,因此这些理论在当前处于并存的状态而不是取代的关系。

3.3.2 品牌定位的概念

(一)品牌定位的概念

品牌定位(Brand Positioning)是指在综合分析目标市场与竞争情况的前

提下,建立一个符合原始产品的独特品牌形象,并对品牌的整体形象进行设计、传播,从而在目标消费者心中占据一个独具价值地位的过程或行动。其着眼点是目标消费者的心理感受,途径是对品牌整体形象进行设计,实质是依据目标消费者的特征,设计产品属性并传播品牌价值,有效地建立品牌与竞争者的差异性,从而在目标顾客心中形成该品牌与众不同的独特位置,在消费者头脑中形成一种独特的意义。

品牌定位实质上就是企业将自己的产品推向市场,对其特性、品质和声誉等给予明确的界定,通过精心设计的营销策划,将其融入到顾客和潜在顾客的生活过程,从而形成确切的市场定位。品牌定位明确、个性鲜明,才会明确目标消费群。明确的品牌定位会使消费者感到商品有特色,有别于同类产品,从而形成稳定的消费群体。品牌定位是企业营销因素组合的战略起源,是企业品牌特征的罗盘,是企业思想、理念、文化、价值观和社会声誉的真正表达,是企业优势和实力的综合输出。成功的品牌定位能够使企业建立声誉,培育品牌竞争力,赢得顾客的青睐。

那么品牌定位与市场定位、产品定位有什么内在关系呢?市场定位是企业对目标消费者的选择。产品定位是在完成市场定位的基础上,企业对用什么样的产品来满足目标消费者或目标消费市场的需求。从理论上讲,应该先进行市场定位,然后才进行产品定位。在实践中,也可以先完成产品定位,再补做市场定位。产品定位是对市场定位的具体化和落实,以市场定位为基础,受市场定位指导,比市场定位更深入和细致。一般而言,在完成市场定位和产品定位的基础上,才能顺利地进行品牌定位,市场定位和产品定位都是为品牌定位服务的。

品牌定位要结合企业的战略目标,从分析企业的优势开始,通过长期的策划与维护,才能确立起来。

(二)品牌定位的要素

品牌定位是营销活动的起点和终点,是为品牌发展构建的蓝图,是市场所有营销活动的方向,是用策略性语言让消费者选择自己的品牌而不是竞争品牌的产品。品牌定位包含下面几个要素。

1.目标消费者

品牌的产品或服务能满足有着相似需求和要求的最有可能的潜在消费人群。对最可能的潜在消费者的设定主要包括两个主要问题。其一,必须确认对成功打造品牌忠诚起着重要作用的一批拥护者是什么样的消费人群;其二,需要了解这批拥护者谁最有可能购买。在这一点上,作为一个品牌经营者一定要明确,只有明确这一点,才能有效地瞄准目标消费群。

品牌定位与目标市场的关系密切,确定目标市场是品牌定位的必要条件,但不是充分条件,因为在同一目标市场的品牌通常不止一个,某一品牌进入某一目标市场,不等于完成了品牌定位,还需要进一步确定自己在品牌利益、独特性上给目标消费者留下的深刻印象。

2.消费者心理

消费者心理是品牌定位的另一个要素,因为品牌定位是预设品牌在目标消费者心理空间的位置,只有了解目标消费者的心理,才能建立他们的心理空间;而只有建立心理空间,才能进行品牌定位;建立消费者的心理空间,就是确定与消费者认知、动机和态度有关的要素。因此,了解消费者现在的和潜在的认知、动机和态度,选择与此相关的、恰当的定位维度,是品牌定位的一个关键。例如,燕京啤酒的品牌定位强调安全、营养和氛围,这里的三个定位维度分别是:安全、营养和氛围。燕京啤酒这样的品牌定位有很强的消费者心理针对性,对北京消费者有较大的吸引力。

3.竞争性框架

竞争性框架就是明确自己的位置,建立品牌的竞争优势。例如,羊胎素产品的类别有针剂、胶囊、口服液三种产品类别,某品牌的羊胎素产品的类别为胶囊型产品,虽然胶囊型产品具有浓度高、常温下稳定性好、便于携带、服用方便等特点,但并不能表明该品牌独特的竞争优势。需要挖掘该品牌的内在竞争优势:该品牌羊胎素的原料均取自于美国西部天然牧场,当地是世界公认的非疫区,其加工工艺经美国 USDA－ARS 绵羊实验中心认定,而且还是第一个获得卫生部批准的美国进口羊胎素产品品牌。据此,可以清晰地为该品牌设定竞争性框架,即具有品质保障的品牌的羊胎素胶囊型的品牌。

4.利益点

利益点是否能有效地撼动消费者的心灵、能否和消费者产生有效的互动,其关键在于该品牌所提供的产品利益。其实不管你的产品属性如何,消费者只关心其产品对他们有什么好处。品牌利益点是很容易找到的,但能否撼动消费者的心灵。这一点却至关重要。品牌利益点必须简洁、明了,而且朗朗上口。如玫瑰信用卡"认真的女人最美丽",麦斯威尔咖啡的"好东西与好朋友分享",夕阳美的"享受夕阳美,享受自己的生活"等。

5.理由

要清楚地告诉消费者自己品牌的产品和其他品牌产品的区别。以夕阳美品牌的核酸胶囊为例,其目标消费者是中老年人,老年人对生活比较认真,如何获得老年消费者认同,对产品销售起着决定性作用。夕阳美核酸胶囊的功能为"免疫调节",而市场上具备"免疫调节"功能的保健品很多,而且多数保健品目标消费者也是老年人,如何从众多的品牌中脱颖而出呢?夕阳美品牌核酸胶囊为消费者选择该品牌产品提供了三大理由。第一,酶和辅酶核酸是大分子,必须经过消化才能被人体吸收,人在酶和辅酶的帮助下,才能将吃进去的核酸进行最有效的吸收。第二,DNA 是遗传信息的携带者,正是 DNA 被破坏才造成种种疾病,所以,补充 DNA 是核酸营养最重要的方面。第三,动物核酸和人体核酸比较相似,人体利用的时候也比较容易,但考虑到平衡摄取,也应该食用植物核酸。

6.品牌个性

品牌个性代表着品牌的思想。现代人特别注重自己的个性,一个人如没有个性就谈不上想象力。品牌犹如人,有个性也就意味着有思想,忠诚于某品牌的消费者,在某种程度上是对该品牌所表现的个性、价值和文化的认同。

3.3.3 "农家乐"品牌定位的市场环境分析:拓展思路,认识自我

一所"农家乐"要定位其品牌的发展战略,首先必须进行充分的市场环境分析,拓展思路,正确地认识自我。市场环境分析是指对"农家乐"内外条件的综合调查、评价和预测,主要包括宏观环境分析、中观环境分析以及微观环境分析。

在旅游市场竞争日趋白热化的今天,乡村旅游凭借其得天独厚的优势,发展前景广阔。"农家乐"经营者只有了解其所处的宏观环境状况,对所处的宏观环境进行评价和分析,才能为企业的发展指明方向。宏观环境条件分析的目的是把握"农家乐"品牌战略定位的时代背景,对农家乐的外部环境进行分析,可以采用非常经典的 PEST 分析方法,P 是指政治环境(Political Factors),E 是指经济环境(Economic Factors),S 是指社会环境(Sociocultural Factors),T 则是指技术环境(Technological Factors)。在分析一个"农家乐"所处的背景的时候,通常是通过这四个因素来进行分析当前所面临的状况。了解社会政治、经济、文化发展的整体形势以及国家对乡村旅游的支持力度,要了解国内外乡村旅游发展的总体趋势和动向,要了解乡村旅游研究的一些热点、重点和难点等等,如党的十九大报告把"美丽"与"富强、民主、文明、和谐"一道作为社会主义现代化强国的目标,又提出了"乡村振兴战略",这是"农

家乐"品牌定位的非常有利因素。"农家乐"需要进行充分的分析与挖掘,完成自身的品牌定位。

中观环境条件分析的目的是认清村镇情况,进行"农家乐"品牌的战略定位和特色设计,我们还要考虑"农家乐"所处的周边的社会环境,即村镇环境。"农家乐"不是一个孤立的经济组织,它与周边的社会环境是融为一体的。"农家乐"所在的村镇的人文环境、经济环境、自然环境等因素,既对"农家乐"的经营提出相应的要求,也会影响"农家乐"品牌的战略定位和特色设计。只有根据"农家乐"所处的村镇的客观现状制定出来的"农家乐"品牌战略和特色设计,才是切实可行的并且符合实际的。

微观环境条件分析的目的是摸准"农家乐"家底。"农家乐"的家底有显性的也有隐性的,有过去的、现在的还有未来的。显性的资源最容易掌握,如:"农家乐"的占地面积、房屋设施等;而隐性的资源常常被"农家乐"经营者所忽视,如餐饮水平、卫生条件、经营者人脉资源等。如果说"农家乐"具备的资源是一座冰山,那么显性资源只是浮在海面上的冰山一角,隐性资源才是深藏在海底的冰山之基。摸准"农家乐"家底不仅仅是对"农家乐"历史的总结和现实状况的判断,还有对未来的发展进行预测。"农家乐"品牌管理不仅仅是对现存的显性资源的使用和消耗,而更多的是对其潜在性的、发展性的资源进行开发、催生、盘活与整合。从某种意义上说,"农家乐"的经营者不仅应该把"农家乐"看成自身资源的一个运作平台,而且应该把"农家乐"当成自己施展才华、实现人生抱负的舞台。

管理学中非常著名的市场环境分析方法 SWOT 法,是把外部环境与内部资源统一起来的整合分析,其中,S 指 Strengths,即优势;W 是 Weakness,即劣势;O 指 Opportunity,就是机遇;T 指 Threat,就是威胁,对这四方面进行分析。这种分析是以其他"农家乐"的发展状况为参照,从内外环境的结合上确认自身"农家乐"发展的品牌战略方向。当清楚自己的优势与劣势,机遇与威胁之后,"农家乐"经营者便可根据自身的实际情况进行品牌战略选择,找突破口,走特色路。

3.3.4 "农家乐"品牌定位的考虑因素

先进的品牌经营意识和准确的品牌定位是塑造"农家乐"品牌的前提和核心。品牌定位在"农家乐"品牌经营和管理中有着不可估量的作用,因此"农家乐"的品牌定位要综合考虑以下因素最终确定。

(一)品牌定位要注重内涵建设

"农家乐"旅游最大的魅力在于乡村性,优美的自然风光、淳朴的乡情民情、别具一格的民俗活动和自由广阔的时间空间能够让城市游客放松心情,享受恬淡闲适的生活。现有的农家院旅游主要集中在"吃吃农家饭、住住农家宅、看看农家景",产品同质化严重;游客在选择的过程中也觉得大同小异,差异特征不明显。目前,北京市关于各郊区县的旅游产业区域特色已明确定位,要求乡村旅游在产业结构和品质上要实现"一区(县)一色":房山区为"北京祖源、休闲胜地",大兴区为"绿海甜园",通州区为"滨水新城、漕运古镇",昌平区为"温泉胜地",怀柔区为"不夜怀柔",平谷区为"休闲绿谷",密云县为"渔乐圈"等。这样清晰的区域特色定位已经为"农家乐"旅游产业发展和"农家乐"品牌定位指明了方向。在具体旅游产品的开发和推广过程中,政府管理者和"农家乐"经营者一定要牢牢把握乡村性特色,突出自身差异优势,进行内涵建设。充分考察和利用本地区资源,发现与挖掘乡村历史、民俗、美学和经济价值,既着眼于开发美食、美景、手工艺品等通俗产品,又要尝试拓展互动体验、特色艺术、民间传统等深度产品,如门头沟区樱桃沟村的"农禅合一"、平谷区玻璃台村的"边关山寨"、怀柔区北沟村的"长城壁画"、顺义区焦庄户村的"红色经典"等,特色鲜明,令游客印象深刻,树立了良好的产品形象与市场口碑。

(二)品牌定位要凸显文化品位

农耕文明作为孕育华夏儿女的古老文明,是世界文明史上一抹瑰丽的色彩。"农家乐"旅游只有根植于文化旅游的沃土,才能长久地发展和兴盛下去;不光要营造文化氛围,更要凸显文化品位。对比世界各个国家和地区的乡村旅游,经典者都体现了所在地区的文化精髓,如美国农场体现了西部牛仔文化、欧洲庄园体现了贵族生活文化、韩国民宿体现了传统家族礼仪,文化品位的提升极大地带动了当地旅游产业的发展。以门头沟区的爨底下村为例,全村共有29户689间房舍,大部分为清后期所建的三合院、四合院,依山而建,高低错落,村内的明代古村遗址、清代民居、影壁、门楼、上世纪五六十年代的标语、古道、古庙等皆令游客深感历史变迁,信步其中,如品陈年老酒。该村目前是国家3A级景区,市级文明单位和市级民俗旅游专业村。除建筑等有形文化资产外,风水布局、村落历史甚至村名的由来,也都是游客津津乐道的话题,印有村名"爨"字的服装和饰品广受中外游客喜爱,国际化特征亦得到初步显现。

(三)品牌定位以市场需求为主

"农家乐"最主要的客源是城市居民,根据调查,他们出游的主要动机是放松身心和休闲娱乐,出游地点倾向于自然风光景区和有特色体验项目的农庄,服务消费方面关注住宿条件和特色饮食。"农家乐"旅游产品在打造过程中要尽可能地与旅游市场需求及发展预期相符合,开展目标营销和导向营销,才会取得显著成效。目前的"农家乐"旅游已经从初期满足顾客简单的吃住需求向更高级的体验、娱乐、文化型需求发展,顾客更倾向于参与农户体验活动、休闲娱乐活动和感受乡村文化。在这一发展趋势的指引下,"农家乐"经营者可以尝试推出体验型饮食,由顾客自己采摘蔬果或捕鱼钓虾,农户提供烹饪服务或烹饪指导;还可以请游客参与手工艺品、果品、酒类等的制作或设计活动,参与生态农业劳动甚至农家院的经营与推广,增强旅游活动的互动性和参与性。

(四)品牌定位要借力地域优势

"农家乐"的规模经营和品牌管理是乡村旅游发展的必然,只有具备一定的规模才能形成人文景象并带来经济效益。"农家乐"在品牌管理中要积极借助当地景区、物产、地理位置等先天优势,以及政府提供的一系列帮扶政策,形成个性特色。以知名景区为例,延庆区的龙庆峡、房山区的十渡、密云县的云蒙山、怀柔区的雁栖湖和红螺寺,都带动了周边村落的旅游发展;以季节性果品采摘为例,昌平区的樱桃、平谷区的仙桃、延庆县张山营的苹果和房山区的柿子,已经成为游客心目中标志性的果品。当地政府也要在旅游产业规划与执行中给予"农家乐"更多的扶持和引导,改善基础设施,提供资金和培训,更新经营理念,促进"农家乐"旅游良性有序的发展。

(五)品牌定位要防范商业侵蚀

研究表明,"农家乐"经营者与劳动力本地化是乡村旅游持续发展的根本保证。保持"农家乐"的乡村性,很重要的一点就是防止旅游产品过度商业化。来自企业一线的经营者可能在资金、人脉、管理等方面具备优势,但他们不了解本地特色与民情,打造出的旅游产品往往雷同,欠缺新意。对本地"农家乐"经营者而言,在开发与建设"农家乐"过程中,也要注意环境保护,注重能源的节约与循环利用,努力发展生态友好型旅游产业。

(六)品牌定位要善于突破创新

2007年,北京市首次提出休闲农庄、生态渔村、乡村酒店、山水人家、国际驿站、采摘篱园、民俗风苑、养生山吧8种全新的乡村旅游业态概念,并制定地方标准。近年来,北京各级管理部门和"农家乐"经营者通过创意策划,打造出若干明星主题村落,如房山区中英水北台村的"养生山吧"、海淀区管家岭村的"法兰西乡情"、通州区大邓村的"宠物犬休闲文化"、大兴区留民营村的"有机蔬菜大观园"和延庆县大柏老村的"奶牛风情"等。创新对于完善乡村旅游产品体系、推广新型业态标准、精准"农家乐"品牌定位、提升"农家乐"品牌知名度具有突出的贡献作用。

3.3.5 "农家乐"的品牌定位——目标市场定位＋"特色化"乡村旅游产品

美国通用电气（GE）董事长兼 CEO 杰克·韦尔奇被誉为"最受尊敬的 CEO"、"全球第一 CEO"、"美国当代最成功最伟大的企业家",他曾经说过,"不管你的生意有多大,资金有多雄厚,你也不可能满足所有人的所有需求。"因此,"农家乐"品牌的打造不只是一厢情愿的一般宣传口号的提出,必须具有明确的市场针对性,必须有的放矢。"农家乐"是农民向城市现代人提供的一种回归自然从而获得放松身心、愉悦精神的休闲旅游方式。"农家乐"旅游具体分为 5 种目标市场:少年儿童的乡村科普教育、青年人的农事体验与乡村娱乐、中年人的娱乐与身心放松、老年人的健身疗养和休闲、外国人的观光游览和民俗体验。

品牌定位可以简单用一个公式来表示,即"品牌定位＝目标市场＋差异化＋定位沟通"。因此,根据这些目标市场的需求,"农家乐"应结合自身具备资源,开发出满足相应需求的"特色化"乡村旅游产品,表 3.3 是分析各类目标市场的需求,建议可以开发的"农家乐"旅游产品。各"农家乐"经营者要因地制宜、强化经营的特色和差异性,在参考表的基础上开发出"特色化"的乡村旅游产品,重视品牌效益,切实提高"农家乐"旅游的竞争力。"农家乐"旅游需要各方共同努力,展现乡村旅游的魅力,逐步形成"一村一品""一户一特"的发展格局。

表 3.3　目标市场定位和满足目标市场的旅游产品开发

目标市场	客户需求	"农家乐"旅游产品开发
少年儿童	主要为教育科普： 满足好奇心 获得农村生活、农业生产和大自然的知识 培养朴实的道德观和审美观，提高与人合作、尊重自然等素质	认识学习型——以有目的的旅游与考察、写生、实习等为主，以学生为代表 观光审美型——以特色风光、农事活动或村落名胜等的观光旅游为主，其中包括现代农村观光、古村落民居观光
青年人	主要为娱乐运动： 寻求新鲜感 乡土风味的娱乐 学习农事活动并在比赛中满足好胜心	体验娱乐型——以乡土民俗节庆和农事节庆为主，如"泼水节""篝火节""西瓜节"或"草莓节"等 观光审美型——以特色风光、农事活动或村落名胜等的观光旅游为主，其中包括现代农村观光、古村落民居观光
中年人	主要为休闲放松： 暂时远离重复雷同的城市生活 寻找在紧张工作中失去的轻松和快乐 借此建立良好的家庭或朋友关系 品尝绿色食品	休息娱乐型——以休息娱乐为主，其中以"休闲农家乐""渔家乐""山里人家"等为代表 收获品尝型——以特色餐饮美食或采摘垂钓等为主，以"采摘游""垂钓世家""美食村"等为代表
老年人	主要为养生养老： 清静的环境享受退休生活 清淡的生活疗养身体疾病 寻找年轻时熟悉的生活	疗养养生型——以康体疗养或休闲性的娱乐为主，以"参加农事劳动""乡村休闲度假村""乡村第二居所"等为代表 休息娱乐型——以休息娱乐为主，其中以"休闲农家乐""渔家乐""山里人家"等为代表
外国人	主要为异乡风情： 寻求新鲜感 体验中国特色的乡村民俗文化	休息娱乐型——以休息娱乐为主，其中以"休闲农家乐""渔家乐""山里人家"等为代表 收获品尝型——以特色餐饮美食或采摘垂钓等为主，以"采摘游""垂钓世家""美食村"等为代表

3.3.6 "农家乐"品牌定位的意义

品牌定位是"农家乐"品牌管理的基础和品牌经营成功的前提。

(一)品牌定位有助于消费者记住经营者所传达的信息

现代社会是信息社会,消费者被信息围困。各种消息、资料、新闻、广告和传单铺天盖地,令消费者应接不暇。当今社会媒体种类繁多,电视、杂志、网络上的信息更新迅速。面对如此多的媒体、产品和信息,消费者无所适从,这也使得经营者的许多促销努力付诸流水,得不到理想的效果。在这个信息量饱和甚至是过剩的时代,"农家乐"经营者只有压缩信息宣传,实施准确的定位,为自身的"农家乐"塑造一个最能打动消费者的形象,才是其明智的选择。品牌定位使消费者能够对该"农家乐"品牌产生正确的认识,进而产生品牌偏好和光顾行为,是"农家乐"信息成功通向消费者心理的一条捷径。

(二)品牌定位是确立"农家乐"品牌个性的重要途径

笔者在前文中多次提到"农家乐"经营同质化现象非常严重,根本无法满足消费者在情感和自我表达上的需求。因此,品牌个性已成为"农家乐"品牌竞争的主要焦点。那么,如何凸显"农家乐"品牌的品牌个性呢?这就需要品牌定位。"农家乐"品牌定位清晰,品牌个性就鲜明;反之"农家乐"品牌定位不明确,品牌个性就模糊不清。因此,品牌定位是确立"农家乐"品牌个性的重要途径。农家乐经营者只有找准自身品牌的定位,才能为品牌增色。

(三)品牌定位是"农家乐"品牌传播的基础

品牌的传播是指借助于广告、公关等手段将上一节所设计的"农家乐"品牌形象传递给旅游者,品牌定位是指让所设计的品牌形象在旅游者心中占据一个独特的、有价值的位置。两者是相互依存、密不可分的。一方面,"农家乐"的品牌定位必须通过品牌传播才能完成,只有及时准确地将"农家乐"的品牌形象传递给旅游者,获得游客的认同,引起游客的共鸣,这一定位才是有效的;另一方面,"农家乐"品牌整体传播必须以其品牌定位为前提,因为"农家乐"的品牌定位决定了品牌传播的内容。离开了品牌定位和事先的品牌整体形象设计,"农家乐"品牌传播就失去了方向和依据。因此,品牌定位是"农家乐"品牌传播的基础。

(四)"农家乐"的品牌定位给游客提供了一个光顾的理由

差异化不是品牌竞争成功的充分条件,因为消费者需要的是满足他们需求的东西。"农家乐"的品牌定位是给游客心理空间中找到一个能打动游客的重要位置,并借助各种传播工具告知游客,从而为游客提供了一个明确的光顾理由。

3.4 完善"农家乐"的硬件设施,提升品牌的硬实力,打造品牌的一贯性

品牌都是打造出来的,而且还是通过精心打造而成的。打造出的品牌,经过精心设计,考究制造,反复锤炼,精益求精,最后形成一种有品位与品质的东西。一般的产品品牌都反映了企业精心打造与长期投资的结果,而作为旅游这种特殊产品,"农家乐"品牌更需要经营者精心打造,做好长期投资准备。优美的环境、乡土特色的建筑、舒适的客房和美味的农家特色餐饮是经营者进行"农家乐"品牌管理模式的必备基础,这方面需要经营者做好长远规划,合理的成本投入不断完善这些硬件条件,才能逐渐提升"农家乐"品牌的硬实力,使"农家乐"品牌不断良性运营和健康发展。可以说完善"农家乐"的硬件设施是"农家乐"创建品牌的生命线。

3.4.1　保护当地优美的地理环境,是"农家乐"品牌管理的基础条件

第一章就提到了农家乐的产生背景,随着现代社会中的竞争越来越激烈,田园牧歌式的生活成为很多都市人梦想的生活方式,"农家乐"旅游以其浓厚的乡土田园文化气息逐渐发展成为旅游产品类型中一个新的亮点,满足了当前我国城市居民返璞归真、回归自然的心理需求,吸引了许多城市游客的眼光。

远离了城市的喧嚣,远离了钢筋混凝土,远离了浓郁的汽车尾气,远离了一切嘈杂肮脏。将情寄托于山水树木,将情寄予乡野村落,将情挂念在青天白云,将情寄放给飞鸟鱼虫。一切都是那般恬然舒适,只有感情的真正外露才可以更好的将内心的不适宣泄在外,才可以更好地为自我减压。周末或是节假日,是忙碌之余唯一能够歇息的时间,对于歇息放松环境的选取特别的重要,在心灵备受煎熬之后。环境幽雅、景色宜人、富有特色的"农家乐"乡村休闲游是城市游客一个很不错的选择。因此,优美的地理环境是吸引游客前来的首要条件,也是"农家乐"创建品牌并进行品牌管理的基础条件。"农家乐"环境的优美性和安全性影响到消费者对"农家乐"品牌的观感。自然优美的环境,空气负氧离子高,消费者在这样的环境中沐浴在大自然的恩赐中,自然放松心情,裨益身心。好的环境能给予消费者"世外桃源"般的观感。部分针对老年游客的特殊功能特征的如"养生农家乐"等,环境中如栽种有对高血压、心脑血管病患者有舒缓作用的树木,更能强化养生方面的品牌印象。

所以,在社会主义新农村的建设和城镇化的过程中,各级乡镇政府和"农家乐"经营者千万要注意不能把周边的自然环境、建筑、风俗文化破坏殆尽。

另外,有些农村生活垃圾采用"天然处理法",就是"生活污水靠蒸发,白色

垃圾靠风吹,固体垃圾靠雨水冲"。最终,村里产生的各种污染物都进入到当地湖泊之中,严重污染了当地的自然环境。停车场、厕所、垃圾箱等旅游服务设施不足,卫生设施堪忧。

这就需要"农家乐"经营者一起找当地各级乡镇政府对"农家乐"产生的生活垃圾实行集中收集、集中清运、集中处理,并修建本村的污水处理站,集中处治当地产生的生活污水,保护当地的水源水质。即使是有些村镇已经对生活垃圾和生活污水进行集中处理了,但在当地河道与小路等地方还有可能看到环保意识不强的游客和村民随手乱丢的易拉罐、饮料瓶、纸巾和塑料袋等,这就需要当地"农家乐"经营者投入更多时间和精力,及时和游客沟通交流,共同创建和维护当地优美的自然环境。

贵州清镇市红枫湖镇大冲村"农家乐"老板林科忠就是一个非常有见识的人,是值得所有"农家乐"经营者学习的榜样。他每天都要在沿着红枫湖的民居间转悠,看到张家院子里散落的酒瓶、李家丢掉的垃圾里夹杂着饮料瓶,他都要督促人家清理出来,如图3.4所示。兴隆半岛一带居民生活垃圾被林科忠倡导分为五类,即可回收物、餐厨垃圾、建筑垃圾、还田垃圾、其他垃圾,建立了垃圾分类收集处理机制,基本杜绝了一次性餐具的使用,每日的垃圾产生量也从以往的20多箱下降到现在的几箱。

喧闹的卡拉OK、舞曲等噪声污染也会打破乡村生活的宁静氛围,影响了动植物的生长和繁衍,同时也严重违背了城市游客到"农家乐"精神放松的需求,建议"农家乐"经营者尽量不要开展这种和品牌定位无关甚至是和品牌定位相冲突的活动。

3.4.2 保持传统农家建筑风格,是"农家乐"品牌管理的吸睛之笔

房子是"农家乐"开展接待游客活动的基本场所,也是决定"农"味和"家"

图 3.4　林科忠在指导"农家乐"经营者进行垃圾分类

感的重要因素,万万不可等闲视之。农家乐的建筑、装修风格也应该和开展的活动相适宜。不同类型的"农家乐"可以采用不同类型的建筑和装修风格,根据展开的活动和服务增加相应的设施,但总体来说要保持乡土特色,这才是"农家乐"品牌吸引游客的关键所在。表 3.4 是对 333 名消费者调查,了解他们倾向选择"农家乐"的装潢类型,其中 196 名消费者选择了传统仿农家建筑风格,还有 121 名消费者选择了富含特色的个性装潢,而且消费者最不喜欢的就是现代风格的高档装潢和欧式风格,只有 14.11% 和 6.01% 的游客选择这两项。

表 3.4　消费者倾向选择"农家乐"的装潢类型

游客倾向"农家乐"装潢类型	游客选择	百分比
现代风格的高档装潢	47	14.11%
传统仿农家建筑风格	196	58.86%
欧式风格	20	6.01%
富含特色的个性装潢	121	36.34%

(一)与乡村环境的协调,避免与城市风格雷同

"农家乐"建筑从整体上须从"土"字出发,从"新"字着眼,突出乡村的特

点,营造一个浓郁的乡土农家气息的环境,保持与乡村环境的协调,如图3.5。在乡村古朴的民风中,"农家乐"如果追求城市化建筑,模仿城市住房,建造火柴盒形状的楼房,并用五颜六色的瓷砖完全包裹起来,就破坏了乡村整体环境的和谐美感,与乡村环境格格不入,从而让寻找和体验"回归自然"感觉的城里游客大为扫兴,这将让"农家乐"品牌失去其独特的魅力。

图3.5 "农家乐"的装饰应带有浓郁的乡土气息

(二)建筑和装潢强调农家的乡村基调

中华民族是有着几千年农耕历史的民族,乡土建筑是我们民族历史的记忆,它的每一块砖、每一片瓦、每一处细微的雕琢装饰,都蕴藏着我们祖先的智慧,反映出我们民族的传统生活情调和生活哲学。安徽的古村落西递、宏村能够成为中华传统文化的杰出代表,入选世界文化遗产名录,北京门头沟的爨底下明清古村能够被尊为中国历史文化名村(如图3.6所示),正是反映了现代人对乡土、对传统的珍视和热爱。农家乐应该继承和发扬这种宝贵的乡村建筑文化传统。

(三)保持当地农村传统建筑风格

"农家乐"的品牌管理要从传统文化的保留与传承(乡村建筑、传统农耕)角度考虑,在建筑色彩、风格设计方面保持与原有村落古建筑的一致,和其他

图 3.6　北京门头沟的爨底下明清古村

村落建筑融为一个整体。农村地域广阔,变化缓慢,至今保留着大量社会变迁、历史更替的文化遗存,现代人的回归心理使他们喜欢到农村去寻根访古。农家乐总体建筑风格须与原有民宅建筑风格一致,如图3.7怀柔田仙峪村的老房子还保持原来的建筑风格,与周围乡村意境相协调,自然地融入到周围的乡村田园风光之中。新增建筑不能破坏整体氛围和美感。

这个"简陋"的老房子内部装修并不差,如图3.8和3.9所示,现代化的设施、洁净的瓷砖等使这个老房子完全满足现代游客的生活要求,而且这种内外对比带来的戏剧性效果也给游客增添了乐趣。从这个形成内外对比的老房子的例子,我们可以认识到:简朴的、乡村化的建筑外观,与现代化的内部装修和城市化的功能是不矛盾的。

(四)建筑材料尽量就地取材,尽量采用环保材料

"农家乐"建筑可以借鉴以前老房子的建筑方式,其成本很低,使用人工、耗能很少,建筑材料的取得与加工很方便,如木头、砖块、稻草、麦秸秆、芦苇等。避免使用石棉、有毒、腐蚀性和感染性物品及不可回收的一次性产品和塑料容器。建筑施工达到生态环保标准的"农家乐",在未来的品牌管理中可以

图 3.7 怀柔田仙峪村老房子的外观

图 3.8 怀柔田仙峪村老房子卧室内部

打出生态牌,作为自己的一大特色。

(五)"农家乐"可以选择的建筑风格

1.地方民居类

民居最具地方性,也更有创造性,根据各地自然和人文环境的不同,有多

图 3.9　怀柔田仙峪村老房子卫生间内部

种样式。中国地域辽阔,历史悠久,中国民居的多样性,在世界建筑史中也是难得的现象。民居具有自然质朴的性格,都是利用当地出产的材料,用最经济的方法,密切结合气候和地形、环境等自然因素建造的。人和自然在这里有最直接的亲密交往,建筑镶嵌在自然中。

如图 3.10 和 3.11 川西民居建筑特色浓郁。在建筑单体上,讲究因地制宜,以中轴线布局,通常采用穿斗式木结构,墙体多用篾笆夹杂着泥土筑就,屋顶采用青瓦坡式屋顶处理,以解决四川多雨季节的屋面排水问题。住宅外墙多采用白色为基础色调,利于反光,弥补川西地区采光不足的缺陷;门窗以浅褐色或是枣红色为着色基调,与白墙相配,显得清新而淡雅。雕梁画栋、飞檐斗角是川西民居不可或缺的元素,表达了巴蜀之地的婉约美和内敛气质。最具精华之处是民居的院落,它在给人以领域感的同时又密切着邻里关系。

图 3.10　川西民居

图 3.11　川西民居群落

2.北京传统典型规整的四合院

北京的四合院中正房体制最为尊崇,是举行家庭礼仪、接见尊贵宾客的地方,各幢房屋朝向院内,以游廊相连接,具有严谨的空间秩序、明显的中心轴线。四合院多按南北纵轴线对称布置房屋与院落,庭院方阔,尺度合宜,宁静亲切,花木井然,是十分理想的北方建筑。

如图 3.12 北京延庆"青山园"农家乐的房屋风格就是采用了经典的老北京

四合院的红色风。

图 3.12　北京延庆"青山园"建筑风格就是老北京四合院

3.少数民族体验

体验满族或者蒙古族生活,例如北京周边以满族、蒙古族为主,少数民族体验类也主要以这两个民族生活为主。北京周边有不少草原,康西、坝上都已成为京郊旅游热点。作为蒙古族传统居住建筑——蒙古包更是吸引游客的招牌之一,如图3.13。

蒙古包为圆形,以白色为主色调,以木、毡为基本搭建材料,以易拆易搭易搬运为特点。由条木椽子、网状编壁(哈那)、圆型天窗和门构成,外面盖上毡子,再用鬃毛绳或皮绳子加固而成。蒙古包编壁底部还有一层围毡,夏天掀开通风,冬天放下来保暖。

蒙古包的大小规格,是由每顶包所用哈那的数量决定的。通常分4、5、6、7、8、9、10、12个哈那的蒙古包。就是同一个类型的蒙古包也分大中小三个规格。如果是5个哈那的蒙古包,大型的就比小型的多10根椽子。牧民一般都喜欢住五、六个哈那的蒙古包。

图 3.13　北京昌平十三陵园里"农家乐"

4. 森林小屋

森林小屋一般为原木或者石质建筑,掩映于山林之中,适合喜欢探险的游客。在森林小屋内部,应该保证游客的舒适,例如,室内有壁炉、火炕可供寒冷时节取暖,有空调或电扇等保证夏季入住凉爽。如图 3.14 是北京市延庆区龙湾国际露营公园的小木屋。还应该指出的是,森林小屋建造的位置一般离大路较远,需要步行而至,但是不宜过于隐蔽。

图 3.14　北京龙湾国际露营公园小木屋

(六)"农家乐"必须配备充足的停车位

"农家乐"经营服务的性质,需要在院落中合理规划,为游客配备充足的停车位。图3.15是对消费者调查他们一般选择到农家乐旅游的交通方式的结果,最多的方式就是自驾游。自驾游游客是"农家乐"最重要的顾客群,保证有足够多的停车位是"农家乐"吸引游客的基本条件之一。

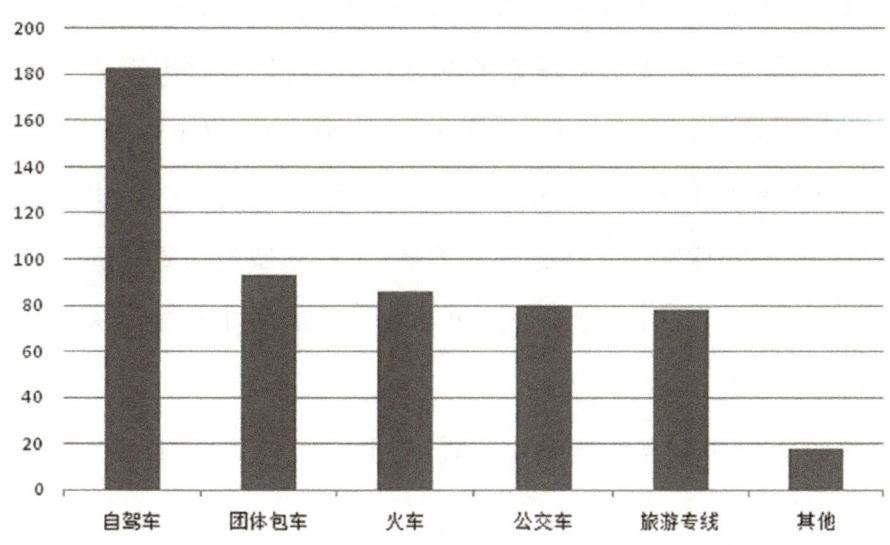

图3.15 消费者到农家乐旅游的交通方式直方图

总之,"农家乐"位于乡土气息浓郁的农村,其建筑应该不同于工业化时代的城市景观,也不同于普通的文化古迹和风景名胜,它应该融农村风貌和乡土文化于一体。最能体现农家特点的碾盘磨、爬犁、辘轳等原始的农家用具可以装点庭院,营造出以中国传统农耕社会为特点的,外有田园,内有书香,衣食富足的农家闲情逸趣的意境,向城市旅游者展示出来,使早已远离了农耕的城市人能够对农耕文化的意趣产生共鸣。一个成功的"农家乐",不仅是现代人旅游休闲的场所,也应该努力成为现代人的精神家园。

3.4.3 提供舒适的客房空间,为游客提供宾至如归的品牌体验

客房是"农家乐"建筑设施的主体之一,也是"农家乐"品牌管理的关键部位。"农家乐"品牌经营者应该为游客提供舒适的客房服务,并保证使客房始终处于清洁、美观、舒适、安全的状态,使其成为游客的"旅途之家"。

"农家乐"客房应体现农家屋宽敞的特点,最好参照我国饭店星级评定标准规定,客房净面积(不含卫生间)不能小于14平方米,卫生间面积不能小于4平方米,房间高度不能低于2.7米。客房内的物品、设备,如床、电视、电话、空调以及家具等,是构成客房实用性的必要条件,必须做到保质保量。

游客对客房、洗手间、浴室的要求尤其高,干净、卫生是第一要求。为了设计好客房,需要考虑5个方面:

1. 客房的地面应具备保暖性,一般采用中性或暖色调,材料有地板、地毯等;

2. 墙壁的装饰简单些,床头上部的主体空间可设计一些人性化或具有当地人文民族风情特色的装饰品;

3. 色彩应以统一、和谐、淡雅为宜,稳重的色调较受欢迎,如绿色系活泼而富有朝气,粉红系欢快而柔美,蓝色系清凉浪漫,灰调或茶色系灵透雅致,黄色系热情中充满温馨气氛;

4. 客房的灯光照明以温馨和暖的黄色为基调,床头上方可嵌筒灯或壁灯使室内更具浪漫舒适的温情;

5. 浴室的设计基本上以方便、安全、易于清洗及美观得体为主。由于水汽很重,内部装潢用料必须以防水物料为主。在地板方面,以天然石料做成地砖,既防水又耐用。浴室窗户的采光作用并不重要,重点在于通风透气。浴室

的照明，一般以柔和的亮度就足够了。浴室内温度高，放置盆栽十分适合。浴室布置若用木质材料打制洗漱器具最具返璞归真的情调。

游客住在"农家乐"，往往在客房逗留的时间很长，客房的装饰布置、物品摆放和清洁卫生等都会给游客留下较深的印象。因此，客房的质量如何，直接关系到游客对"农家乐"品牌的总体评价和印象。

3.4.4 管好餐饮质量，打造"农家乐"品牌舌尖上的体验

除了住是"农家乐"的基本要素，餐饮也是"农家乐"品牌管理的主要内容要素之一。由于农家在自然条件下种植的蔬菜，在江河、湖泊中捕捞的鱼虾，牧放的牛羊、猪、鸡，还有难以寻到的野味，使人们可以大饱口福，有益健康。"农家乐"品牌经营者除了为游客提供舒适的客房服务外，还应为游客提供口味纯正的农家特色餐饮，给游客舌尖上的体验，使游客能真正融入农家生活。

(一)讲究一定方法

"农家乐"餐饮需要讲究一定的方法让游客乐于入口，大快人心。

1.原材料讲求绿色新鲜、无污染、本地化

"农家乐"的饮食突出的就是一个"乡"味。本村出产的粮食，后院放养的土鸡，土鸡刚下的蛋，自家地里房前屋后的豆角、茄子、南瓜等，自家现磨的豆腐、豆花，自家腌制的腊肉、泡菜等，都是城里人眼中的稀罕物，这些就是游客最欢迎的美食。

2.家常口味，家常做法

一般来说，游客到"农家乐"要吃的就是原汁原味，经营者大可不必为"做什么"、"怎么做"大费周章，平时怎么做就怎么做反而是最好的。窝窝头、烤白薯、蒸南瓜、小米粥等都是游客到"农家乐"旅游非常喜欢的经典食物。

3.家常不等于粗制滥造，要追求"粗粮细做"

要使菜品达到色、香、味、形、质俱佳的要求，必须准确把握制作过程的每

一个细节。选用的时令蔬果、粮肉蛋等原料要新鲜、饱满、优质、无破损、无霉烂、无病虫害。在不同季节加工不同的原料,应根据需要正确选择加工方法,赋予食物最合适的色泽和口感。这些细节使食物更美味、更精细,也让游客体会到"农家乐"品牌经营者的用心和服务质量。

4.拿手好菜要有所保留

不要让游客一次把"农家乐"品牌的拿手好菜尝遍,要有所保留,每次将招牌菜和家常菜搭配上桌,增加烘托感,让游客每次上桌品尝都有新鲜感。

(二)讲究营养健康

随着社会的发展,生活水平的提高,消费者的饮食观念、饮食习惯悄然发生"革命",已经不再仅仅满足于"吃饱",而是越来越注重于提升"吃"的层次——安全、绿色、营养的健康餐饮理念,已形成一种氛围,一种发展趋势。

这样食物的搭配很重要。食物搭配不合理,轻则影响营养物质的吸收,造成浪费,重则可能引起食物中毒。因此,"农家乐"品牌经营者还要主动学习营养搭配知识,为游客搭配出美味而且健康的餐饮,满足消费者日益精细化的需求。

3.5 注重"农家乐"的软件建设,提升品牌的软实力,拓展品牌的广度

除了"农家乐"品牌的食宿等硬件设施是消费者选择时考虑的主要因素,"农家乐"品牌的礼仪、服务、安全和卫生等因素同样被当今的消费者看重。"农家乐"的安全性是游客外出的必要考虑因素,诸如"农家乐"硬件安全措施是否过关,工作人员的安全意识等,这是最能让消费者轻松休闲的因素,也是最能激起消费者好感,给品牌加分的法宝。为"农家乐"品牌注入软实力,是

"农家乐"品牌被认可的一个重大因素。为此,"农家乐"品牌的经营者应合理地分配资源,使"农家乐"品牌的礼仪、服务等各种软件因素相互配合、相互促进,共同发展。不断拓展品牌的发展空间,多侧面、多角度拓展"农家乐"品牌的广度。

3.5.1 重视礼仪和服务,以点带面,拓宽"农家乐"品牌的广度

(一)树立"农家乐"全员服务意识,走好提升"农家乐"品牌软实力的第一步

作为服务行业的"农家乐"旅游,生存发展的关键在于向宾客提供吃、住、娱、玩全方位的优质服务。树立宾客至上的全员服务意识,"农家乐"全体接待人员都要用友好的方式、可信的态度,主动关心和照顾、服务游客,并以实际行动为游客排忧解难。

"农家乐"的特点之一是有"家"的感受,主客之间接触较多。对客服务,一定要注重待客之道,遵循服务礼仪规范,做到殷勤好客不失礼。热情友好,真诚和蔼,服务中有礼有节、周到细致,让游客在感官上、精神上产生尊重感、亲切感、满足感。讲究礼仪是优良服务态度的关键因素之一,这个"软件"只有与"硬件设施"结合起来,服务质量才会提高,"农家乐"品牌才能得到游客的认可。

(二)注重仪表礼仪,撑起"农家乐"品牌的门面

仪表即人的外表,包括容貌、姿态、服饰三个方面。仪表美是形体美、服饰美、发型美、仪容美的综合体现。良好的仪容仪表不仅反映出"农家乐"员工的道德修养和文化素质,而且也是现代交际中讲究礼仪的具体表现。衣着整洁大方,服务讲究礼貌,仪容仪表注重美,这不仅满足了游客的审美心理,而且也让他们从中感受到自己是"农家乐"品牌高贵的宾客,求尊重的心理得到了满足。

1.服饰礼仪

服饰是指一个人穿着的服装和佩戴的饰物,在交往中起着一种"非语言信息"的作用。服饰美讲究与自己的职业、身份、年龄、性别、体型相称,与周边环境协调。"农家乐"品牌全体接待人员的服饰礼仪就是在服务过程中让游客得到尊重与友好,因此服饰美就要体现出和谐交往、尊重客人的特点。"农家乐"品牌进行品牌标识设计,建议穿与品牌标识配套的员工制服。穿醒目的员工制服,不仅是对游客的尊重,而且便于游客辨认,同时也会让员工有一种职业的责任感、自豪感。员工制服也是"农家乐"品牌的一种宣传。

"农家乐"品牌全体接待人员服务游客时佩戴的饰物应少而精,如果穿员工制服就没必要佩戴任何首饰,如果穿的服装具有浓郁的民族特色,可根据需要点缀些民族特色的小饰物。

2.仪容礼仪

一个人的仪容是最受人重视的部位。端庄的"农家乐"品牌服务人员,能激起游客"面善"的感觉,刺激其进一步消费的愿望,反之"面恶"的服务人员会使游客望而却步。因此,重视仪容礼仪至关重要。女性服务人员可化适当淡妆,但要少而精,淡妆上岗体现出淡雅、简洁、朴素的农家风格。

(三)言谈举止礼仪风范,深化"农家乐"品牌的软实力

1.言谈礼仪

言谈礼仪是指靠言语、体态和聆听艺术构成的沟通方式,指两个或两个以上的人所进行的对话,是"农家乐"品牌接待人员知识、阅历、教养、聪明才智和应变能力的综合表现。俗话说"良言一句三冬暖,恶语伤人六月寒"。可见文明礼貌的语言在人际交往中起着多么重要的作用。

友好的谈话=7%的谈话内容+38%的声调+55%的表情。"农家乐"品牌接待人员与游客交往中应该保持微笑,可以给人亲切之感。交谈时应温和、

大方、自然地平视游客,不宜俯视游客,也不宜不进行眼神的交流。目光紧盯对方 6 秒以上同样会给对方不适之感。

"农家乐"品牌接待人员与游客交流的声音要遵从以下要求:

低声说话——不要大嗓门;

语音亲切——不要粗厉尖硬;

语速适中——不要太快太慢;

语调起伏——不要平板单调;

吐字清晰——不要含糊不清。

"农家乐"品牌接待人员在与游客交流中,首先要善于倾听,做一个好听众,认真去聆听对方,对游客所说的话表示出兴趣。接待游客时应根据时间、场合、对象,选用恰当的问候语,灵活搭配礼貌用语,不说粗话黑话气话,不冒脏话荤话。"农家乐"品牌接待人员应积极主动地参与到谈话中,在适当的时候真诚地赞美别人,面对游客的疑问要做到随听随答,有问必答,灵活多变,热情周到。

2.举止礼仪

在人际交往中,人们的真情流露和交流通常要借助人的各种姿态完成,即人的举止行为。"站有站相,坐有坐相"是中华民族传统礼仪的基本要求,这种无声的"体态语言"能反映出"农家乐"品牌员工基本的礼仪素养。

在为游客服务工作中,站立时要保持挺拔的身姿,不要双手抱胸或叉腰,更不要将手插在裤袋内,身体不可弯腰驼背,东倒西歪。在游客面前,不要下意识做一些小动作,如抖动双腿,玩弄衣物,避免给游客留下缺乏自信、懒散的坏印象。

在游客面前,要避免不雅的坐姿,如翘二郎腿、坐时前俯后仰和抖晃腿部等。如果游客提前预订,"农家乐"品牌员工要提前打扫庭院,以迎嘉宾,并备好茶具、烟具、饮料等,也可根据自己的家庭条件,准备好水果、糖、咖啡等等。

客人在约定时间到来,应提前出门迎接。客人来到家中,要热情接待。客人进屋后,首先请客人落座,然后敬茶、递烟、端出糖果。端茶送糖果盘时要用双手。

(四)提高服务质量,提升"农家乐"品牌的信任度和美誉度

除了前面这些待客礼仪之外,想要提高"农家乐"品牌的服务质量,经营者还要加强在服务规范、服务技能方面的培训,不断提高自身的服务水平。"农家乐"品牌提供的服务应能方便游客,并能灵活地根据游客的需求随时调整。"农家乐"品牌经营者要准确无误地完成所承诺的服务项目,尽力维护游客的最大利益,让游客感觉"农家乐"品牌值得信赖。如果在服务过程中出现意外和失误,"农家乐"品牌经营者也要迅速、有效地采取行动,控制局面,实施可行的补救措施,避免游客产生负面宣传,挽回游客的满意度,尽可能地与游客建立良好的关系,提升游客对"农家乐"品牌的信任度和美誉度。

3.5.2　提升安全与卫生保障,延伸"农家乐"品牌的广度

"农家乐"一般要求庭院宽敞、绿化好、干净整洁,牲畜圈养,防蚊蝇措施有效等。在"农家乐"旅游中,既能享受到农家菜肴的纯香自然,又能保证吃得放心、玩得舒适,以期吃得"绿色"、玩得新鲜,得到广大消费者的认可。但与此同时,"农家乐"有时可能因为安全和卫生问题让人乐不起来,诸如安全没有保障而出现治安事故,卫生原因而导致食物中毒等都将影响"农家乐"的发展。所以,安全和卫生同样是"农家乐"品牌管理的主要内容。

(一)落实安全措施,提升"农家乐"品牌软实力的保证

有些"农家乐"经营者认为,"农家乐"的安全工作是依附于服务而产生的,它不直接产生利润,所以对安全工作不够重视。这种看法是片面的,"安全无小事","农家乐"安全工作的好坏不仅直接关系到"农家乐"品牌的正常运转,

也在很大程度上影响"农家乐"品牌的软实力进而影响总体收益。"农家乐"的安全贯穿品牌管理全过程,不仅关系到"农家乐"品牌的声誉和效益,也关系到游客的人身财产安全与健康。因此,"农家乐"的安全就显得非常重要,是提升"农家乐"品牌软实力的重要保证工作。

1.农家乐应当保护游客的隐私权。"农家乐"品牌经营者要告知入住游客妥善保管好自己的贵重物品。"农家乐"品牌的员工未经客人许可不得随意进入游客下榻的房间,除日常清扫卫生、维修保养设施设备或者发生火灾等紧急情况外。

2.为了保护游客的人身和财产安全,"农家乐"客房房门应该装置防盗链、门镜、应急疏散图,所有门锁均应安装规范,固定牢靠,确保锁舌、锁库、门、框配合严密,安全可靠。客房内应当放置服务指南、住宿须知和防火指南。

3.农家乐服务人员要有明确的责任,不得擅自动用游客的物品。打扫房间要"开一间,做一间","完一间,锁一间"。客房卫生间内应当采取有效的防滑措施,浴缸应配备防滑垫,并有提醒游客小心滑倒的标志。

4.饮食卫生是"农家乐"品牌提供饮食服务非常重要的组成部分,"农家乐"品牌必须提供给游客安全、卫生的饮食。这一点非常重要,不仅关系到"农家乐"品牌的信誉,更重要的是直接影响到光顾的每位游客的健康。

5."农家乐"品牌的道路应该平整便于行走,有必要的路灯设施,对于周围环境的安全应加以注意,特别是要提防毒蛇、毒蜂及恶狗对游客造成伤害。室外电闸要有保护箱,木质箱须包衬铁皮,拉临时电线要经安全保卫部门同意,由指定电工安装并限期拆除。"农家乐"品牌在游客入住前,对水、电及房屋内设施进行安全检查。

6.对可能损害游客人身和财产安全的场所,"农家乐"品牌应当采取防护、警示措施。例如秋千的最大承受力、竹排的最大承载重量应有明确的说明,对于游客的活动要有相应的人员在场地给予必要的指导。"农家乐"中有些简易的秋千、睡袋及小木桥等都要及时地进行检查,避免因木材、绳索的老化而给游客造成人身伤害。

7.火灾直接威胁"农家乐"游客和员工的生命财产及农家乐的财产安全,会使"农家乐"品牌在声誉和经济上付出沉重的代价。虽然火灾发生的概率很低,但由于后果严重,所以必须花大力气认真对待防火问题。"农家乐"品牌经营者要按消防设计规范要求配备数量充足、造型正确的轻便灭火器材,灭火器材要码放在明显位置,易取、完好、有效。

(二)提升卫生保障,全面优化"农家乐"品牌的软实力

有些个别"农家乐"经营者认为,"农家乐"就应该土一点、灰一点、脏一点,这样才能体现"农家乐"的本质,所以个别"农家乐"经营者不太注意个人卫生,湿衣服到处乱挂、动物大小便也不及时进行清除。实际上这是错误的观念。"农家乐"虽然要体现农村的特色,但也不能不强调卫生。

表3.5和图3.16是对333位消费者不定项选择影响"农家乐"品牌形象的关键因素的结果,调查结果排在第一位的就是农家乐的卫生条件,228名消费者都选择了这一项。

表3.5 消费者选择影响"农家乐"品牌形象的关键因素

影响"农家乐"品牌形象的关键因素	游客选择	百分比
农家乐的整体装潢	136	40.84%
农家乐的客房布置	135	40.54%
农家乐的餐饮	189	56.76%
农家乐的卫生条件	228	68.47%
农家乐的服务质量	194	58.26%
农家乐的休闲活动	145	43.54%

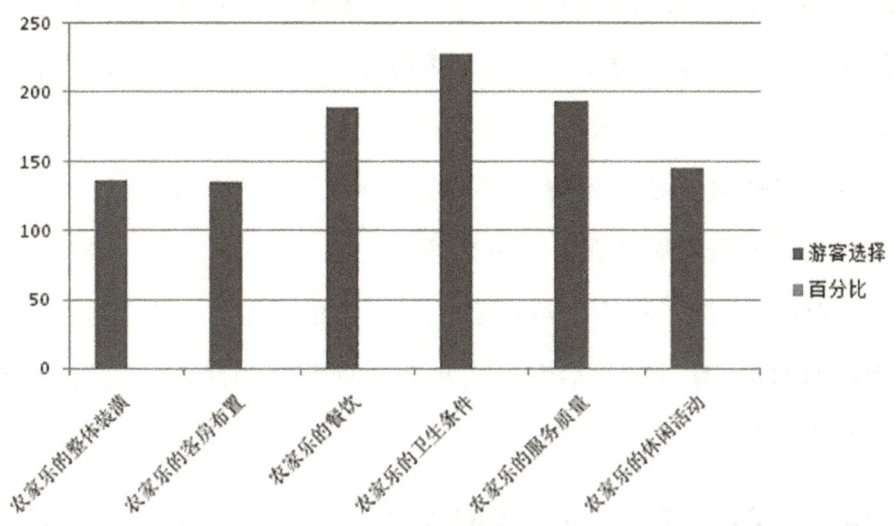

图 3.16 消费者认为影响"农家乐"品牌形象的关键因素

农家乐的卫生条件对于"农家乐"品牌是至关重要的一个环节,是游客最关心的。"农家乐"品牌经营者要培养员工的卫生意识。只有全体工作人员都具有了高水平的卫生素质,才能搞好"农家乐"的全面卫生,全面优化"农家乐"品牌的软实力。

为了给游客创建一个清闲幽雅、整洁卫生的优美环境,"农家乐"品牌主要就要抓好以下几方面工作。

1. "农家乐"品牌要注意门前卫生,搞好绿化,注意维护"农家乐"每一个地段,每一道走廊楼梯都要随时清扫,保持公共场所各部位的干净整齐。

2. 具备符合卫生要求的消毒、更衣、盥洗、防鼠、防蝇、防尘、洗涤、污水排放、存放垃圾及废弃物设施,具有消除苍蝇、老鼠、蟑螂和其他有害昆虫及其孳生条件的措施。

3. 客房日常清洁整理要合理安排时间,通常在游客外出时及时进行,原则是及时、方便、不打扰游客。客房被罩床单一客一换,保持干燥整洁。注意清洁消毒工作,地面墙面整洁干净、卫生美观。

4.厨房、餐厅内保持清洁、干净,不可堆放杂物。保持空气流通,照明亮度适中。液化气罐不得露天存放,不许在楼内使用,点燃煤气灶要用点火棒,操作不能离人,离人必须关闭阀门。

5."农家乐"原则上尽量不做凉菜,若经营凉菜应设专用房间。凉菜间设置及凉菜加工应符合《餐饮业食品卫生管理办法》要求。不得出售腐败变质、油脂酸败、霉变、生虫、污秽不洁或感官性状异常的食品。不得出售病死、毒死或者死因不明的禽、畜、兽(包括野味)、水产动物及其制品,未检验或检验不合格的肉类及其制品。

3.6 推出"农家乐"的品牌特色活动,是实现品牌管理的强力根基

特色活动是"农家乐"建立品牌的关键所在,推出品牌的特色活动,才能打造出个性化服务。

品牌特色活动的推出一个首要标准是因地制宜。"农家乐"品牌的特色活动开发,有较多的备选资源。可按自然产业、人文生活环境、农特产业和文化产业四大类进行分类整理。

(一)自然类资源

可供选择的自然类资源包括溪流、山丘、瀑布、树林、温泉、湖泊、老树、野生动植物、特殊地质、日出、夕阳等。

(二)人文生活环境资源

可供选择的人文生活环境资源有:吊桥、木梯、竹桥、水利设施、传统农村建筑、水坝、水塘、林道、梯田、庙宇、畜舍、纪念馆、打铁店等。

(三)农特产业资源

可供选择的农特产业资源主要有:水果、蔬菜、花卉、苗木、作物、野菜、药

用植物、渔产品、产业活动(耕田、收割、喂养、捕捞等)、产业景观(茶园、菜园、稻田、花园、果园、喷灌、棚架、猪舍、鸡舍等)、产业设备(扁担、斗笠、蓑衣、渔网、竹筏、水车等)。

(四)文化产业资源

可供选择的文化产业资源主要有岁时祭奠、生活礼俗、宗教信仰、饮食服饰、居住交通、狩猎、音乐、舞蹈、手工艺、绘画、传统戏剧、神话传说、古迹(遗址、老街、故宅、古井、古桥、废墟、旧码头等)。

依托以上四类"农家乐"旅游资源,可以开展丰富多彩的"农家乐"品牌特色活动,具体可分为16大类。"农家乐"品牌的经营者可以根据自身的资源特点,有选择性地进行开发建设有针对性的"农家乐"旅游互动体验产品(见表3.6),从而打造出"农家乐"品牌的品牌价值。

表3.6 "农家乐"十六大项目设计

项目名称	开发设计
做一天牧民或渔民	马术表演、马球比赛、浇木桶、马上篮球赛、狩猎、放牧、手工挤奶、骑骆驼、开越野车、滑沙、滩涂船速滑、挖沙蛤、打紫菜、潜水、堆沙、水上射击、摇橹接力、沙滩自行车、爬顶桅杆、船头拔河、跳伞、渔家垂钓、锦鲤喂养、龟、鳖、鳟鱼等水产品饮食、荷花全席、游泳、划龙船、戽水、踩龙骨车、采菱角、剥莲子比赛、摸鸭子、篝火烤全羊等等
冒险旅游及其体育健身项目	定向越野、寻幽探险、漂流、冲浪、空中滑翔、帆伞运动、喷汽船、游泳比赛、赛马、露营、水上高尔夫、网球、溪降、穿越、溜索、打木球、练武术、骑山地自行车、滩涂滑泥、滑草、桑拿浴室、卵石健康路、香花医治室、中草药茶厅、棋趣广场、农村传统健身器械等等
学生学习体验之旅	水果采摘、看红叶、山水写生、徒步旅游、登山、参加农事活动、滑雪、野营、农村科普长廊、电化教室、录像演播厅、开放式实验室、温室大棚、观看农作物切片的组织培养、小鸡孵化、辨别蝴蝶、飞蛾、杂草等动植物的标本、烧窑、作坊、陶艺作品展览厅等等
当一天农民	春季参与播麦、插秧、耕作、扬谷、脱粒、春火、吊井水、点豆、种花、养鸟等;秋季采摘瓜果梨桃、种植蔬菜、喂鸡放鸭、做民间菜点、收割麦子、摘棉花、掰玉米、挖土豆等。其他可学做刺绣、学习竹编、草编工艺、农民版画、学做农家风味小吃、学包粽子、品尝水果、糯米香茶、烤地瓜、磨豆腐、参与农户婚嫁迎娶等等

续表

项目名称	开发设计
产品化链条体验旅游	从采摘多种农产品,到送到工厂加工装罐,直到出售等
老年乐园	"学书画农家游",请书法家、画家任教开讲座;茶文化讲座,观茶、种茶、采茶、制茶、茶道、茶膳;酒文化讲座,酿酒、品酒、酒疗、酒俗、酒艺;老知青重返农家种菜种瓜、聊天、打牌、下棋等抚今追昔游;天然氧吧、中秋赏月诗会、重阳敬老活动等等
特色"农家乐"	支锅野炊、环绕篝火打歌、看花灯、农家评弹、异域风情、歌舞表演、彩绘麦田、建植物迷宫、乘坐畜力车、养殖(突显特色,避免常规品种);观看野猪野鸡打斗、野猪野兔赛跑、钓蟹比赛、斗牛、斗羊、小猪排队站列表演;种花、赏花、花浴、花疗、花艺、种新型水果蔬菜(如美国黑树莓、台湾青枣、西番莲、佛肚竹、大红桃、台湾脆桃、食用仙人掌)等等
农家美食文化	山珍野菜、野生菌宴、野花、芦荟、茉莉花炖鸡蛋、炒芭蕉花、炒酸角叶、炒甘蔗芽、甜菜汤、绿色食品,鸡、鱼、兔等的特色烹调,各地特色饮食、风味小吃等等
少儿农庄与"领养制"	踢毽子、踩高跷、滚铁球、射箭、玩弹弓、抬轿子、堆沙、荡秋千、抖空竹、摇水车、捉鱼、粘鸟、造琥珀、剪纸、刻蜡版、放鞭炮、斗蟋蟀、打乒乓球、滑梯、吊床、青少年乐园、翻腾蹦床、冲天太空舱、空中索道、富斯特滑道和"领养"动植物等
宠物"农家乐"	以金鱼、热带鱼、宠物狗等为主,修鸡宅、鸭寮、鹅园、鸽宫、孔雀院、小鸟天堂、猪邸、马房、牛王府、羊庄、驴舍、狗别墅、兔公馆、鼠红楼、鹿苑、猴山庄、蛇王国等
岁时节令、节庆游	元宵节的观灯、跑旱船、耍龙灯、舞狮子、观焰火、拜庙等活动,中秋祭拜、春节年饭、祝寿习俗、婚庆习俗、生养习俗。蒙古族的那达慕、藏族的跳神会、跳锅庄,高山族的丰收节,白族的三月街、背新娘,彝族的火把节,壮族的歌圩节等等
民俗建筑、古村落、古建筑、历史文化游	四合院、天井院、云南"一颗印"与"三坊一照壁"民居、蒙古包、客家五凤楼、藏族方室、碉房、彝族土掌房、傣式竹楼、苗族吊角楼、新疆地铺民居等。历朝历代遗留下来的众多古村落、古桥、祠堂、古坊、古庙、古碾、古楼、宗祠文化、民间传说、历史典故、名人胜迹、道观佛寺等
"农家乐"主题活动	以瓜果时节为主题:如南瓜艺术节、珍奇蔬菜文化节、盆景艺术节、樱桃节等。以节日习俗为主题:如清明踏青游,白族赶海会,苗族龙船节等
户外拓展训练基地	野外健身活动场、生存游戏、协作配合游戏项目、野营、自助旅游项目、天然浴场、徒步、摩托车沙漠越野、滑水、帆板、攀岩运动、丛林野战、荒岛探险、登山、沙滩排球、沙滩足球、海上冲浪、摩托艇、潜水、牵引伞、木排漂流等等

续表

项目名称	开发设计
连点成线"农家乐"	把几家各具特色的"农家乐"或是几个村不同风格的"农家乐"组成一条旅游线路,发挥各处特长,建立大"农家乐"旅游概念
其他	森林嘉年华、巡游花车、农器具展览、根雕、泥塑、做盆景、陶塑、制作风筝、放风筝、烘槟榔、温泉游泳等等

图 3.17 是北京延庆青山园针对青年人开发的"真人 CS",利用"农家乐"宽阔场地的优势将虚拟游戏场景真实化,很受青年游客的欢迎。

图 3.17　北京延庆青山园的"真人 CS"

3.7　高效客户关系管理,精确管理每个重要客户,用游客的口碑来宣传品牌

根据市场营销学理论,在企业的营销过程中,客户无疑是企业的利润源泉和经营成功与否的关键,特别是在目前买方市场时代,企业在产品市场上的竞争日趋激烈,谁拥有了客户就等于拥有了利润。因此,企业已经进入了一个以

客户为核心的阶段。针对这样的市场环境，客户关系管理 CRM（Customer Relationship Management）变得越来越重要。其核心思想就是：客户是企业的一项重要资产，客户关怀是 CRM 的中心，客户关怀的目的是与所选客户建立长期和有效的业务关系，在与客户的每一个"接触点"上都更加接近客户、了解客户，最大限度地增加利润和利润占有率。

把这个理论引申到"农家乐"的品牌管理中来——游客就是"农家乐"的客户。因此，"农家乐"经营者必须进行科学的"客户"关系管理，切实处理好与游客的关系。只有这样才能逐渐建立起稳固的客户群体，并使"农家乐"的社会影响由于客户群的关系而逐渐扩大，从而产生品牌效应。

将光顾过"农家乐"品牌的客户进行系统的档案管理，档案记录不仅包括客户的联系方式、性别等基础信息，还应该详细注明客户的个人、家庭情况以及偏好何种"农家乐"活动等。

在档案管理的基础上对客户进行分类，有针对性地跟进联络，这样往往能使客户获得亲切感，激发客户故地重游的心理，是极好的招徕回头客的方法。例如客户过生日当天主动发祝福，并告知会员过生日当天来农家乐旅游免费，当月过来打五折。通常到"农家乐"品牌旅游的客户不会自己一个人来，这样的邀约必然带来同行游客的消费，既让老客户感受到关心，还带来销量的增加。在实际商业环境中，企业获客成本持续升高，争取一个新顾客的成本是保留一个老顾客成本的 5～6 倍。挖掘老客户价值变得尤为重要，因此在"农家乐"品牌管理中，也可以借鉴企业的做法实行消费积分制度，积分达到一定程度送附近景点门票或是"农家乐"消费代金券等等，以吸引老客户经常光顾。

图 3.18 和图 3.19 是笔者给北京市延庆区"青山园"农家乐做管理咨询时建议"农家乐"经营者给光顾的游客发放的台历，既让游客感觉在这家"农家乐"品牌消费能够获得小礼品，比在其他家消费更超值。台历上有青山园的照片、介绍和优惠券，游客看到日历上的优惠券还有可能会产生再次光顾的行

为,或是游客将日历送人的话,也会在无形中帮助了"农家乐"品牌进行品牌宣传。

图 3.18　赠送台历正面

"农家乐"品牌的拓展、延伸及组成品牌的各要素,如"农家乐"所处地理位置、景区资源、传播推广等都与外界有着密切的联系。现代社会的大环境决定了"农家乐"在品牌管理过程中要以某种方式、在某种程度上参与社会生活,与公众发生各种不同的关系。妥善处理和维护好这些关系,建立长期、理性的客户关系,在细分市场和客户的基础上,对不同的客户实施差别化、个性化的服务策略,有利于打造品牌、经营好品牌。"农家乐"经营者还应制订和履行"品牌服务承诺",并认真落实对社会、游客的承诺,增加游客对"农家乐"承诺的信任度,使自身品牌具有稳固的客户群。

青山园项目介绍

北京延庆青山园创办于2016年，位于延庆县山南沟村。2016年3月投入资金500万元。目前主要从事：农家乐、亲子乐园、拓展基地等项目。

这个院子采用老北京风格，用了老北京四合院的红色风，动物园有羊驼、骆驼、牦牛、各种鸟、鸡、鸭、羊、猴子、马……还可以牵小乳猪，可以喂鸽子，还有好多拓展项目，孩子可以玩水，还有攀岩充气城堡，果园可以摘果子吃，晚上听听蛐蛐叫，早上公鸡小鸟会叫你起床，这里没有嘈杂声，能好好放松下来大睡一觉，这里的气温比北京凉5度左右，空气也不错。

农家乐在建设初始阶段，就把旅游的理念融了进去，而且还要考虑到了生态、环保、教育培训等因素，并且做到了基地内一边建设、一边可以开放。2016年本园区就接待了宾客上万人，旅游创收超过了100万元，占园区总收入的1/5。入园的游客多了，自然而然就形成了一个市场，人流带动了物流。基地果园内生产出来种子、种苗、果蔬、家禽等，就地成了商品。

青山园被延庆评为农业旅游的示范点，集鲜果采摘、登山、烧烤、骑马、野味特色餐饮、棋牌等诸多休闲娱乐项目于一体的农家庄园

图 3.19 赠送台历背面

口碑宣传是最原始的宣传途径，但也是效果最好的宣传手段。口碑宣传不仅是免费的广告，其影响力是媒体广告的7倍，是营销人员上门促销的4倍。游客作为"农家乐"旅游消费者，他们是对"农家乐"品牌口碑进行认知的载体，品牌管理模式会使游客认可"农家乐"旅游的质量，从而通过客户的口碑由内而外地扩大"农家乐"品牌的影响，起到宣传品牌的作用。

良好的客户关系管理对"农家乐"品牌经营者和客户都有利，是一种双赢策略。对于"农家乐"品牌经营者来说可以随时了解客户的构成及需求变化情况，能够更加方便地为客户提供各种服务。而对客户来说，能够提供更好、更全面的"农家乐"信息，满足客户的各种需求。

3.8 品牌的不断提升与创新是经营者保持"农家乐"品牌不断发展的动力

品牌升级就是在目标市场不断升级的同时,使"农家乐"品牌的内涵同步升级,并由此带动"农家乐"管理手段创新、管理水平提升。"农家乐"品牌管理模式的改革与创新也是保持品牌稳定并不断发展的关键。总之,品牌管理战略是一个动态发展的战略,面临着激烈的市场竞争,任何"农家乐"品牌经营者都不可能在品牌塑造上一劳永逸,不断追求创新与卓越才能最终实现"农家乐"品牌管理战略,在竞争中立于不败之地。

3.9 "农家乐"品牌管理模式的优势

"农家乐"品牌是从企业品牌中引申出来的概念,运用品牌管理模式进行经营和管理创立的"农家乐"品牌是"农家乐"经营者的一种无形资产,它若能发挥作用,就会给"农家乐"经营者带来实质性的附加值,并形成品牌效应。发挥品牌效应,有利于引导游客光顾消费,有利于"农家乐"品牌的可持续发展。"农家乐"品牌管理模式的优势体现在方方面面,主要表现为竞争优势、增值优势和延伸优势三方面,笔者着重分析品牌管理模式的竞争优势、增值优势和延伸优势。

3.9.1 竞争优势

当代的市场竞争是品牌的战争,品牌是一个组织最珍贵的资产。运用品牌管理模式进行经营和管理创立的"农家乐"品牌是"农家乐"经营者最珍贵的无形资产,品牌是"农家乐"经营者的价值和核心。上个世纪,美国读者文摘杂志曾经做过读者调查,请被调查者给美国最好的地理系排名,大概60%的应答者是哈佛大学,但是哈佛大学根本没有地理系。这个例子可以看出,对读者群或者大众来说,哈佛大学有一种不可抑制的好感,是对品牌的亲和力的一种认同,品牌就是其竞争优势。

竞争优势,广而言之有三种。第一种是基于所有权为依托的竞争优势,包括你的资源、禀赋,包括你的市场地位,品牌是所拥有的财产和资产,有形和无形的,或者有形和无形之间的。第二种优势是基于获取权为基础的优势,没有某种资源和禀赋,但是可到别的地方借资源,以创造优势。第三种既没有资源优势,又不能在网络中获取,唯一的手段就是加速学习,加速发展,以知识加速发展,以知识和能力为依托的竞争优势。"农家乐"经营者结合自身实际情况,以及社会发展对休闲旅游产品的需求,独辟蹊径,运用品牌管理模式,打造"农家乐"品牌,走特色之路,强化品牌意识,进行品牌管理,是"农家乐"经营者获得竞争优势的必由之路。

传统的品牌管理模式是企业领域中的品牌,随着品牌边界的不断拓宽,品牌管理在旅游领域充分发挥作用。而"农家乐"的品牌管理模式更具有创新性全面性,在全新的管理理念指导下,"农家乐"经营者的管理视角也更加宽阔,它不仅考虑"农家乐"品牌的质量管理,更注重履行对外品牌承诺;它不仅考虑单个环节品牌的管理,更注重"农家乐"的品牌系统管理;它不仅考虑品牌阶段性管理,更注重品牌全程的规范管理。因此,"农家乐"品牌经营者采用品牌管理模式,吸收国外管理理念的合理营养,营造出自身的竞争优势,不仅可以在竞争激烈的"农家乐"市场中站稳脚跟形成强劲的核心竞争力,而且在主动适应经济社会发展中得到长足发展。"农家乐"采用品牌管理模式更加适合社会主义市场经济发展的需求,能够获得客户的口碑宣传,有利于提高自身竞争力,树立自身的品牌竞争优势。

3.9.2　增值优势

企业在市场竞争中创品牌,到底创什么品牌,人们首先想到的自然是品牌产品。但"农家乐"旅游属于第三产业的范畴,而第三产业是为社会提供服务的,其产品均为无形产品,因而品牌标识在这里所起的作用有限,真正发挥吸引作用的是代表信誉的"农家乐"品牌名称,因而代表信誉的品牌才应是"农家乐"最有价值的竞争资源。例如"老字号"是享有百年美誉的金字招牌,凭借在社会中的影响力而创建了顾客心中的著名商号,在同质产品中更具有竞争优势,更符合消费者的消费心理,品牌的经营提升了无形资产,在品牌的提升过程中创造了增值效应。大名鼎鼎的北京全聚德烤鸭店由一个小店铺发展到现在拥有60余家成员企业,无形资产增值达7亿多元的全国餐饮集团,在百年中经历了由一般品牌成长为一个优势品牌的升级过程,依靠这"老字号"品牌尽享增值效应。

"农家乐"的品牌管理已经从传统单一的静态管理,逐渐地转变为动态经营,以积极的理念营造"农家乐"的形象和信誉来促进"农家乐"的可持续发展。"农家乐"品牌经营者采用品牌管理模式,提升了客户的忠诚度,提升了"农家乐"品牌的社会知名度、增加了"农家乐"品牌在乡镇内部和外部的美誉度,使品牌增值。

"农家乐"品牌提升了"农家乐"的无形资产,就如同储户,不断通过客户的光顾消费累计其价值时,便可享受利息,扩大了"农家乐"品牌的影响力并获得持续稳定的管理收益,在品牌的提升过程中创造了增值效应。

3.9.3　延伸优势

提起品牌管理的延伸,塑造一个"农家乐"品牌并非一定要一百年的历史,延伸一个品牌也不是一定需要一百年的过程,而是说一个品牌的维持的确需要"长期的恒心和耐心"。随着我国"农家乐"旅游竞争的加剧,运用品牌管理模式成了"农家乐"经营者的必然选择,如何充分发挥品牌资源的潜能,利用品牌价值为"农家乐"经营者创造最多效益,将成为"农家乐"经营者一项重大战略决策,这就要求品牌在成长和发展过程中不断延展,也即进行品牌延伸。

"农家乐"经营者通过品牌管理模式塑造出"农家乐"品牌,在客户心理有潜移默化的"预存"印象,并且树立了良好的形象,不是靠传奇色彩的广告炒作,而是通过品牌管理模式在现代市场中具备了延伸的优势,品牌管理模式吸引的客户通过口碑不断宣传,吸引更多的客户光顾,"农家乐"品牌从本市市场延伸到省内市场,再从本省市场延伸到外省市场,进而延伸到全国市场乃至国际市场,为"农家乐"品牌的发展拓展了空间。

因此,在市场经济的品牌竞争时代,运用品牌管理模式是"农家乐"品牌竞争的有效武器。"农家乐"经营者要充分利用和发挥品牌管理模式的优势,不断地创新与变革,通过持续的品牌形象的传播和持续的物力、精力与智力的投入,打造和维护自身的品牌,在竞争中稳步发展。

第四章 "农家乐"的网络推广模式研究

为了掌握和分析农家乐的网络推广现状和存在的问题,掌握可信的第一手资料数据,本书笔者分别于2013年、2014年和2017年多次对消费者进行问卷调查和对"农家乐"进行实地调研和电话访谈。笔者通过对调研结果的科学分析发现了"农家乐"网络推广四年的发展和目前依然存在的一些问题,2013年实践摸索出的适合"农家乐"的网络推广模式,结合这几年网络营销的发展趋势对这一网络推广模式加以完善。

4.1 "农家乐"网络推广的发展和存在问题

随着计算机技术的高速发展和互联网的广泛应用,在当前的市场经济中,网络营销模式发挥着越来越重要的作用,各大中小企业都从中受益。而个体商户也都借助于淘宝这种CTOC的平台赢得消费者的信誉,并获取利益。"农家乐"旅游是当今一种时尚休闲度假方式,虽然前文中提到的"农家乐"经营主体有多种形式,但最多还是个体户的形式出现,他们采用的传统推广方式主要是户外广告、村口招徕新游客、向外发放宣传手册和老游客口碑相传这些方式来吸引游客,令人感觉有"守株待兔"的意味,较难对外推广。最近几年移动网络的发展和智能手机的普及,大部分"农家乐"经营者都开始尝试网络推广,比起笔者在2013年对农家乐网络推广现状进行调查时有了非常大的进步。

2013年项目组利用课余休息时间到怀柔区九渡河镇、朝阳区金盏乡、延庆县旧县镇、千家店镇、张山营镇和康庄镇进行实地调查,最终收集到214户"农家乐"的样本信息。受访的214户"农家乐"中大多数"农家乐"是以自家的小院为场所经营,只有3户是村企合作,公司制规模经营。公司制经营的农家山庄经理文化程度一般为本科或研究生学历,都有自身的网站和相对成熟的高投入推广策略。个体"农家乐"的经营者普遍文化程度不高,多数为初中毕业及以下,有一部分是高中或中专毕业。

在受访的214户"农家乐"中在2013年之前165户从未做过任何网络推广的尝试,当时网络推广普及率仅为22.9%。最根本的原因是一部分经营者对网络使用缺乏足够的了解。在调查过程中还曾遇到刚开始农家乐经营者不配合,经过坦诚交流获得他们支持后,了解到之前曾有网络公司上门宣传,当经营者表现出兴趣后,想收取高额推广费用,令经营者对网络推广印象较差。

受访的214户"农家乐"都有借助网络的力量进行推广提升影响力的愿望,如果有机会一定会进行尝试。在当时已进行了网络推广的49户"农家乐"中都有年轻人经常上网,并为自身"农家乐"发展积极出谋划策,其他"农家乐"一般是不了解网络推广,或是家中年轻人忙于自身发展没有参与,或是只了解一些网络应用,但不了解营销推广的应用。

2017年通过电话回访,如今这214户"农家乐"都已经开始使用网络推广自身的"农家乐"品牌,这是"农家乐"网络推广很大的进步和发展。

令人可喜的是,有些县、镇政府建立了一些宣传"农家乐"的信息网站,例如怀柔区政府网和旅游发展委员会的怀柔旅游网专门设立展示"农家乐"信息的平台,延庆千家店镇政府依靠"百里山水画廊"优势建立百里山水画廊专网介绍周边的农家乐信息。2017年北京的秋天到来之际,"美丽北京乡村公路"的信息开始在各门户网站、微信、微博平台进行传播。事实上,这是北京市休闲农业的集体推介策略。目前,北京的200多个民俗村、500多个民俗户、900多个休闲农业园区都注册了微博账号,300多个休闲农业与乡村旅游主体创建了微信公众号,直接关注人数超过1000万人。同时,北京还利用以"美丽乡村"为主题的网站,每年发布150个"美丽乡村"的各类信息约2万条,点击量突破285万次。这种"互联网+农家乐"的探索已经在神州大地遍地开花,这都是"农家乐"网络推广可喜的变化和发展。"农家乐"的网络推广虽然取得了这么大的进步,但依然还是存在一定的问题。

(一)旅游资源和网络推广发展极为不均衡

"农家乐"所拥有的旅游资源分布具有不均衡性,使得与旅游资源密切相联的"农家乐"网络推广发展也呈现出极为不均衡的状态。例如十渡镇和延庆县龙庆峡景区所在的古城村周边著名旅游资源丰富,"农家乐"品牌的经营者能够接触到各行各业的游客,眼界无形之中更开阔,相对而言采用的网络推广方法和手段更加多样化。这些区域的"农家乐"品牌经营者都纷纷选择了各种方法进行推广。例如古城村的"淳朴人家"民俗饭庄和怀柔区九渡河镇石湖峪村的石湖春山庄不仅拥有自己的网站,还与旅游局官网、"爱周游"和农家乐联盟等网站合作进行在线预订,积极参与大众点评网的团购活动,而且分别在"百度贴吧"发贴宣传和新浪建立博客发博文等。而千家店镇区域和张山营镇大多数"农家乐"品牌目前只用微信这一种媒介手段进行网络推广。笔者经过前期的走访交流发现,现在北京的"农家乐"经营者对于网络推广都做了或多或少的尝试。笔者后来去河北承德宽城、平泉等地走访的"农家乐"只有少数几家尝试使用网络推广,但大多数"农家乐"目前都没有进行网络推广的尝试。资料显示,浙江、上海、江苏、沿海发展较快的城市以及北京周边等地区,对网络宣传比较重视。但据"农家乐联盟"网站工作人员对重庆、陕西金丝峡大峡谷"农家乐"等抽样调查发现,多数"农家乐"经营者对网络宣传这个概念完全不了解。

(二)大多数"农家乐"采取的网络推广方法比较单一,亮点少

网络推广只是一种辅助的推广和经营手段,而特色优势才是"农家乐"品

牌管理的灵魂所在。例如石湖春山庄因经营的正宗口袋饼非常有特色,不仅吸引了新客户去品尝,老客户也纷纷自发地在大众点评网、搜狐车会游客论坛和人人网进行评价和发贴,直接帮助经营者进行网络推广。口碑宣传这种传统方式借助了网络推广现代媒体手段得到了升华。

大多数"农家乐"目前采用的推广方式通常是建立自家网站、在旅游信息网站上投放信息、图片和借助微信朋友圈这几种模式,但这几种方法和当今多元化的新媒体推广方法相比比较单一,具有较大的盲目性,缺乏亮点。怀柔区九渡河镇西水峪村如意山庄农家院和房山区十渡镇西庄民俗村福龙农家院都将自家的农家乐介绍做成视频,分别上传到土豆网、56网和搜狐视频上,其中前者在土豆网上播放遍数达到1241次,虽然比起流行视频相差较多,但这种直观的感受方式让人眼前一亮,如能采用辅助手段加以推广,增加播放次数效果更佳,值得其他"农家乐"经营者借鉴学习。

(三)网络介绍整体形象差,缺乏特色,实际推广效果不理想

"农家乐"经营者无论采用哪一种推广方式,建立自家网站、在旅游信息网站上发放信息、通过微信朋友圈发介绍,目前整体形象介绍都比较差,普遍缺乏统一规划,所提供的信息基本雷同,无法充分展现自身"农家乐"的品牌形象。

例如在百度首页输入"农家院",网页会呈现如图4.1所示的信息。

排在第二位的是一家名叫"满汉同福"的农家乐,可以看出这家"农家乐"经营者在品牌命名和网络推广这两个方面都下了一番功夫,这种意识还是非常值得表扬的。百度搜索竞价做到第二位,这家"农家乐"经营者应该是花了大价钱进行竞价排名的。点击打开网页,看到如图4.2。

但是这样的网站设计是缺乏美感和特色的,游客打开这个网页不会增加对"农家乐"品牌兴趣的。这是花了大量网络推广费用但未必能够带来大量游

第四章 "农家乐"的网络推广模式研究

图 4.1 百度"农家院"显示信息

图 4.2 "满汉同福"农家乐网站

客光顾的,这种推广通常来说意义不大。

还有个别"农家乐"经营者由于缺乏网络营销知识背景,听信了上门销售的网络公司宣传,高投入委托网络公司进行域名注册、主机服务和网站建设,并和之前这家"满汉同福"农家乐经营者一样购买了竞价排名服务,同时也在一些网站打了广告,但客户量增长缓慢,完全无法达到理想的推广效果。

通过对调研的"农家乐"网站在线访问总结得出,"农家乐"的网站建设普遍缺乏设计与规划,所提供的信息包括菜肴照片、房舍照片、景区介绍和景区图片等大致相同,而且介绍过于简单,没有形成与众不同的特色,缺少文化内涵和参与性强的体验、亲子活动等服务。网站整体形象比较差,无法充分展现"农家乐"的品牌形象,消费者难以从网站上获取对京郊旅游和"农家乐"选择有用的信息,从而使得网站的吸引力不足,访问量、使用点击率偏低。笔者使用站长工具对已建"农家乐"网站的访问量进行比对,发现绝大部分的访问量都非常低,比对结果如图 4.3 所示。

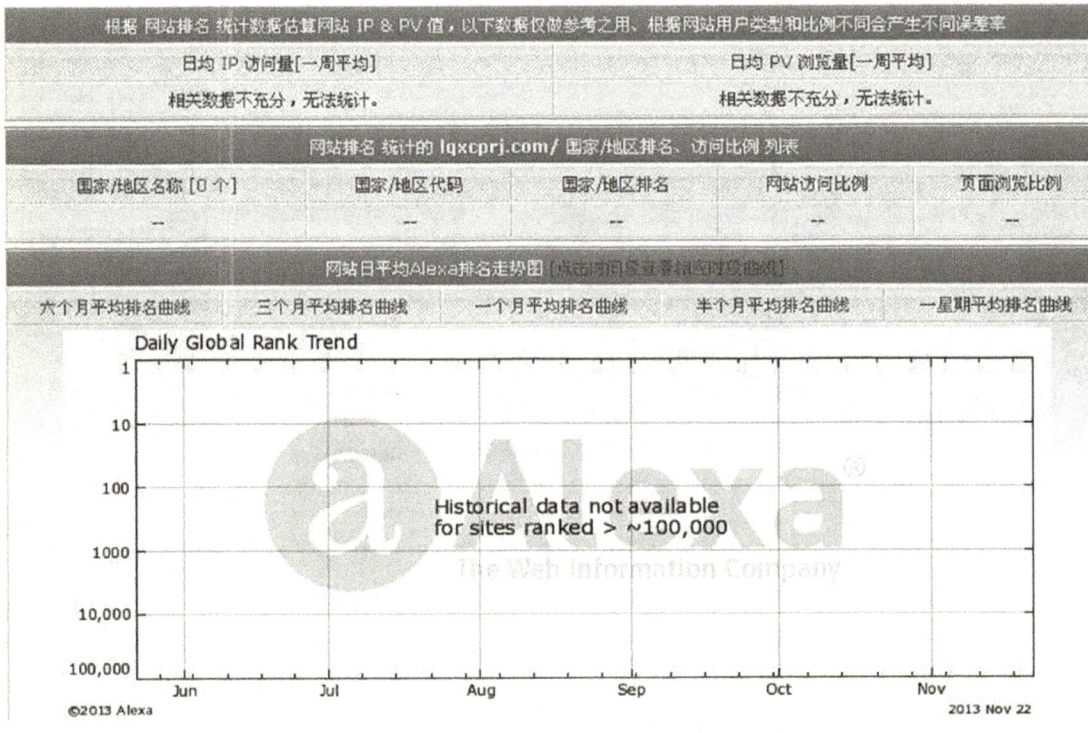

图 4.3　站长工具对已建"农家乐"网站的访问量比对

(四)"农家乐"经营者缺乏运营服务意识,网络推广缺乏互动

很多"农家乐"经营者注册了微信公众号,微信公众号主要是帮助"农家

乐"品牌积累粉丝,进行品牌宣传的。但很多"农家乐"品牌的微信公众号已注册了,根本没有推送内容,或是仅在注册当日发送一篇文章,之后再没有更新。这些"农家乐"经营者缺乏运营服务意识,认为自己只要注册了公众号,有这个公众号就可以了。但事实上这样的公众号根本就不能对"农家乐"品牌的宣传起到任何实质作用。

其次,"农家乐"的网络推广大都缺乏互动性,没有设置互动板块,信息更新也不及时。"农家乐"经营者与新客户的交流缺乏积极性和时效性。笔者所访问的网站、公众号绝大部分不能进行在线沟通及留言,只有极少数网站、公众号具有在线交流功能,但进行在线咨询时,却往往只能收到自动回复,并非真正的与"农家乐"经营者在线交流。项目组在网站、公众号所留的电话信息,也没有得到经营者的电话回复。

再次,与老客户的沟通缺乏主动性和诚信性。例如,有些经营者虽然选择了如"大众点评"等知名度较高的团购和评价平台进行推广,初期也取得了一定的推广效果,但对客户给予的差评及差评原因,却不予理睬。长此以往,网络推广不仅没有发挥宣传"农家乐"品牌的作用,反而成了负面广告,得不偿失。

(五)网络推广人才匮乏,需要外部支持

笔者仔细分析了上述现状问题产生的根源,其实都是"人"的问题。大多数"农家乐"经营者在2013年前都不了解网络的使用,网络推广起步比城里晚了很长时间,阻碍了"农家乐"经营者对网络推广的认知。而对网络推广知识的缺乏了解导致他们网络运营服务意识淡漠,是目前"农家乐"网络推广发展速度缓慢的瓶颈问题。

2017年8月4日,中国互联网络信息中心(CNNIC)在京发布第40次《中国互联网络发展状况统计报告》(以下简称为《报告》)。《报告》显示,截至2017

年6月,中国网民规模达到7.51亿,占全球网民总数的五分之一。互联网普及率为54.3%,较2016年底提升1.1个百分点,超过全球平均水平4.6个百分点。其中我国网民中农村网民占比26.7%,规模为2.01亿,虽然农村互联网普及率持续提升,但城乡差距仍然较大。事实上,农村网民比例仍然过低,且目前我国农民由于知识水平的限制,使得他们对网络的了解程度仍然很低。其知识层次、生活习惯及价值观念还远远跟不上全球信息化发展的趋势,对电脑及互联网的应用十分有限。懂得互联网技术、掌握营销推广知识的人才的缺乏,严重制约了"农家乐"网络推广的发展。

4.2 消费者对"农家乐"网络推广的看法调查分析

现代营销观念是"以消费者需求为中心,以市场为出发点"的经营指导思想,而游客是"农家乐"的消费者,了解他们对"农家乐"网络推广的看法对于"农家乐"进行网络推广是至关重要的。笔者在2013年调研的基础上根据网络营销发展的趋势对问卷进行修改完善,于2017年12月再次针对消费者对"农家乐"网络推广的看法进行调研,调研结果分析如下。

通过对三种调研方式共计362份问卷的统计,我们从接受调研对象的基本信息情况、到"农家乐"旅游时间、选择"农家乐"的途径、获取"农家乐"信息的网站、获取信息重要性排列、"农家乐"网络推广存在的主要问题和"农家乐"网络推广是否需要提供在线服务和设置游客反馈信息等多项指标进行了统计。具体情况如下。

4.2.1 接受调研对象的基本信息情况

(一)来自问卷星平台的受访对象地域分布

笔者在周围亲戚、邻居和朋友中实际回收的73份有效问卷全部来源于北京。借助问卷星平台,问卷回收 218 份来源于全国各地,覆盖了十二个省或直辖市,如图 4.4 所示;在第一调查网发布调查回收的 71 份问卷也是来源于全国各地,因此样本是有较强的代表性。

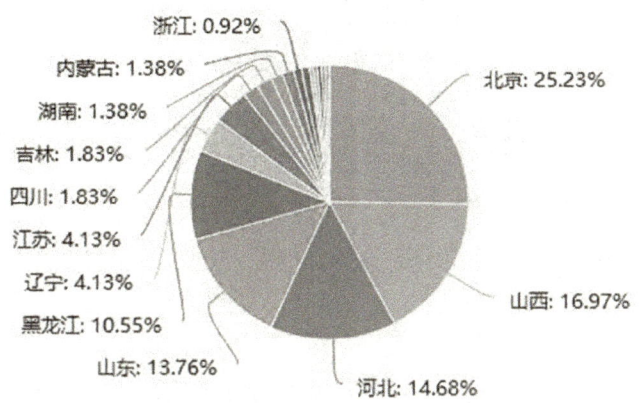

图 4.4　借助问卷星平台回收"农家乐网络推广"问卷来源位置

(二)年龄分布

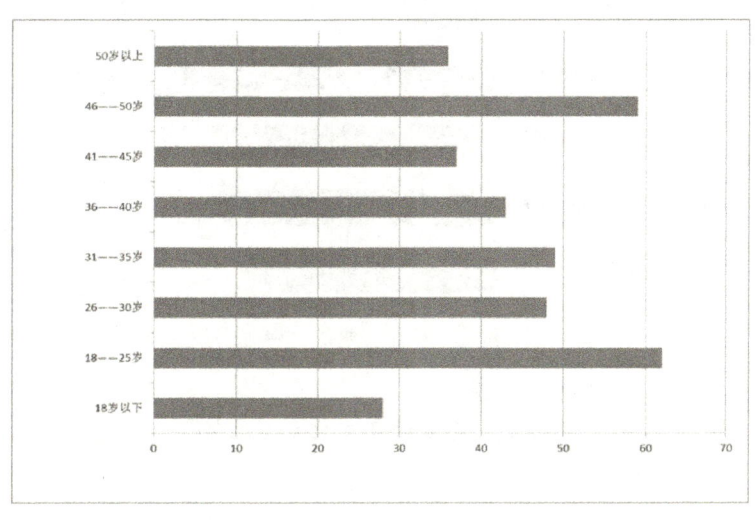

图 4.5　受访对象年龄分布

(三)性别分布

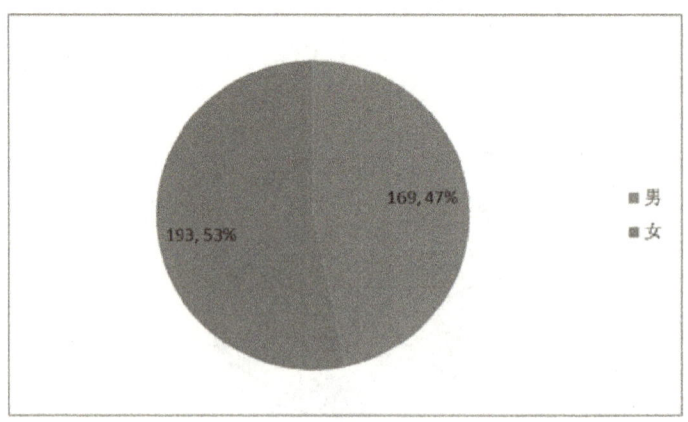

图 4.6 受访对象性别分布

(四)文化程度

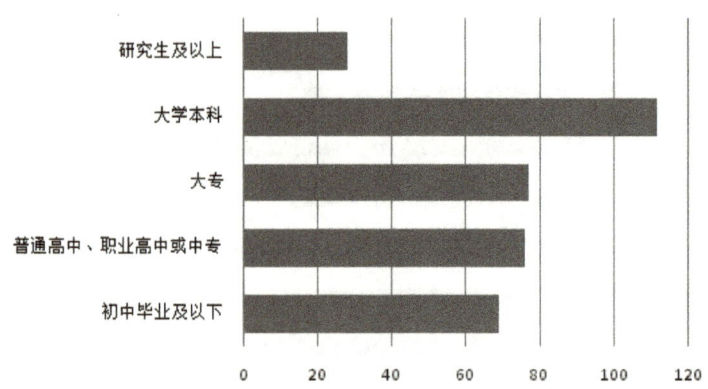

图 4.7 受访对象文化程度分布

(五)受访职业分布

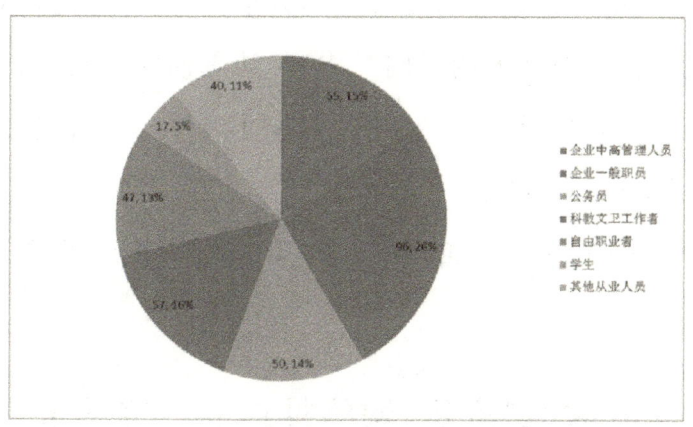

图 4.8　受访对象职业分布

(六)受访对象月收入分布情况

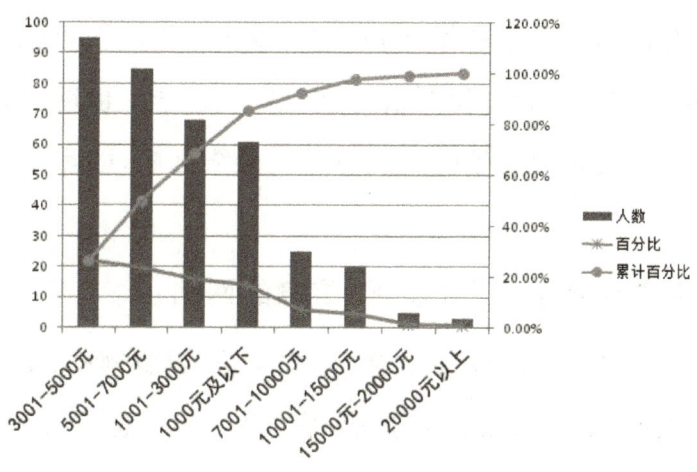

图 4.9　受访对象月收入分布

综合以上数据图 4.5 到图 4.9,我们所回收的样本中,各年龄段游客都喜欢到"农家乐"旅游,尤其是 18～50 岁人群相对比较集中,这部分人平时工作压力比较大,喜欢到农村吃农家饭、住农家院、体验农家生活,感受安详宁静的生活环境,陶冶情操。调研过程中,女性游客更愿意配合回答问卷,因此女性样本数略多一些。受访对象最多的是大学本科学历,大部分受访对象为高中以上文化程度,能够较好地理解调查问卷内容,认真回答问卷,从而确保了回收问卷的质量,能够较好地反映消费者对"农家乐"网络推广的实际看法。受访的362位消费者来自各行各业,且月收入主要集中于1000～7000元,收入水平略有上涨,具有一定的经济能力可以到"农家乐"旅游,样本具有较好的代表性。

4.2.2 受访对象对"农家乐"网络推广的一定看法

(一)受访对象选择"农家乐"旅游的主要途径

如图4.10所示,362名接受调查的消费者最信任的选择"农家乐"的方式还是亲友推荐,因此这也印证了第三章品牌管理模式中很重要的一环是客户关系管理,借助客户的口碑帮助推荐和宣传"农家乐"品牌。网页搜索和APP预订分别排在第二位、第四位,说明借助"网络"模式选择也逐渐为消费者所重视,因此"农家乐"经营者确实是应该大力进行网络推广,以此打开"农家乐"品牌的知名度。

(二)受访对象希望获取"农家乐"信息的网站

如图4.11所示,受访消费者最希望从"农家乐"自身网站、旅游资讯门户网站、"农家乐"相关的APP或公众号获取"农家乐"的信息,这是"农家乐"网络推广的重点,但微博、微信及微信群对"农家乐"而言就如同毛细血管一样,是进行网络推广的辅助手段,帮助增加"农家乐"自身网站、旅游资讯门户网站相关介绍网页、"农家乐"相关APP和"农家乐"公众号的访问量,增强推广效果。

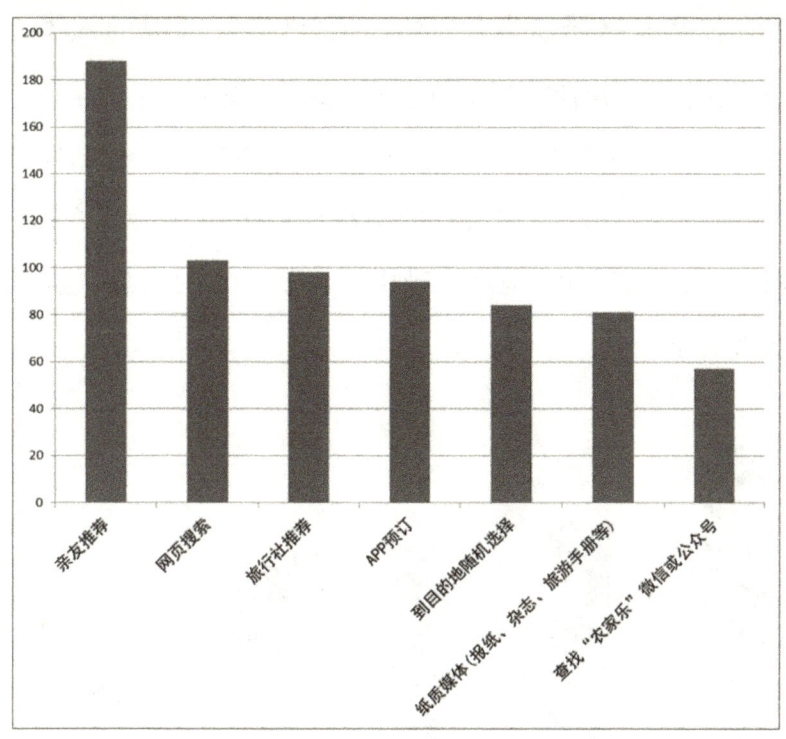

图 4.10 受访对象选择"农家乐"途径的直方图

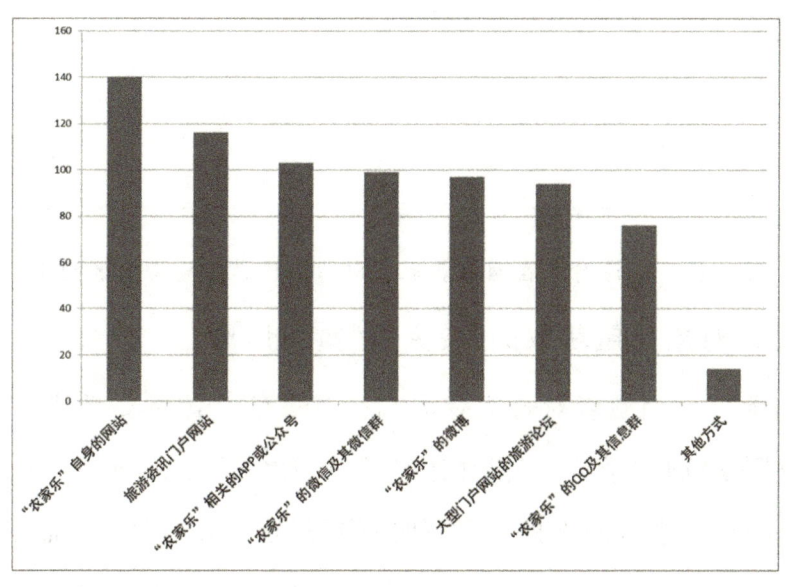

图 4.11 受访对象希望获取"农家乐"信息的网站

(三)受访对象在网络获取"农家乐"信息主要考虑的因素

如图4.12所示,受访消费者在网络上获取"农家乐"信息时,最主要考虑的因素依次是在百度、谷歌等搜索引擎或是微信上搜索易找到、信息量大且透明和页面布局清晰美观。因此,"农家乐"网络推广可以在内容介绍上使用关键词等办法进行搜索引擎优化,网络设计中应提供丰富的信息,进行页面设计优化,满足消费者需求。

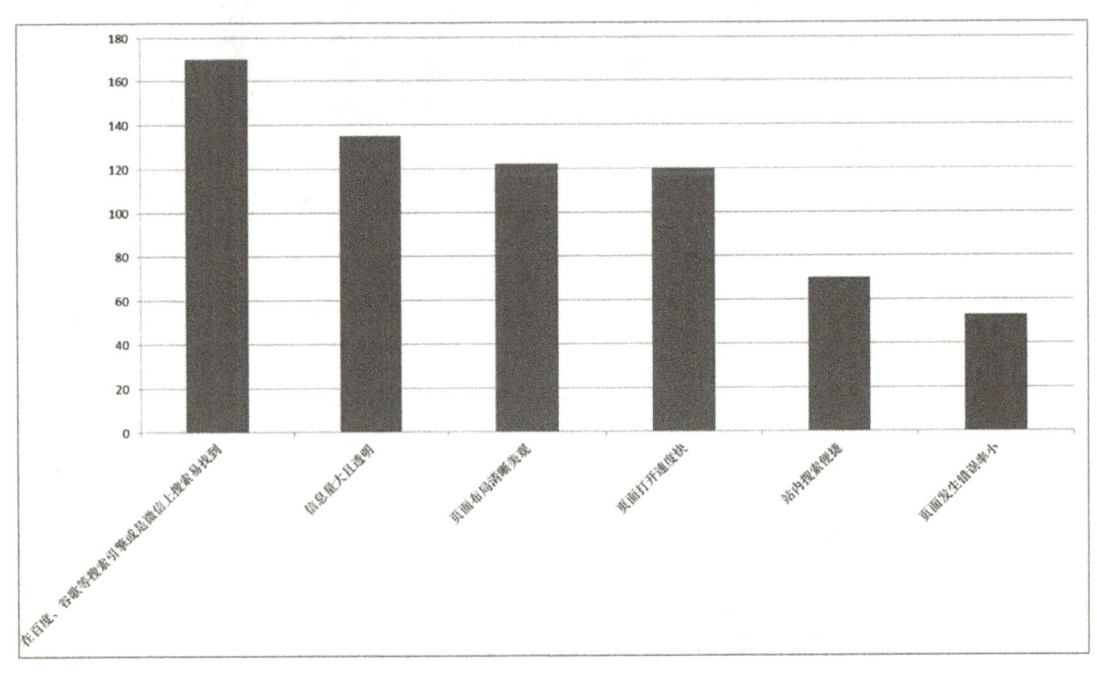

图 4.12 受访对象在网络获取"农家乐"信息主要考虑的因素

(四)受访对象希望获取的"农家乐"重要信息

图4.13是受访消费者对希望获取"农家乐"信息按重要性排序的数据图,前三位的分别是"周围景区、气候介绍""餐饮、住宿介绍及价格""特色活动、服务介绍","农家乐"进行网络推广策划时就要充分考虑消费者的需求。

(五)受访对象认为当前"农家乐"网络推广普遍存在的问题

如图4.14所示,受访对象认为现在"农家乐"网络信息及京郊旅游资讯网站（或 APP、公众号）普遍存在的问题依次是：1."农家乐"介绍千篇一律，缺少特色；2.缺少与消费者的互动；3.页面设计不美观，页面容易出错；4.信息没有及时更新维护，突出表现是时效性差，信息过时；5.网上信息与实际不符；6.信息量过多，无从下手。因此，"农家乐"网络推广还有很大的改进空间。

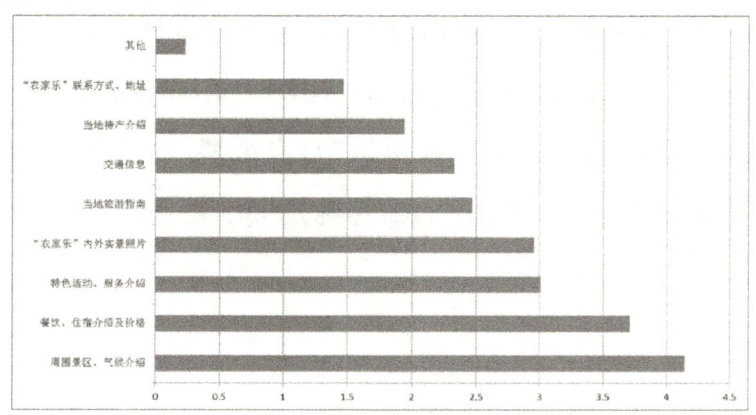

图 4.13 受访对象希望获取信息重要性排列

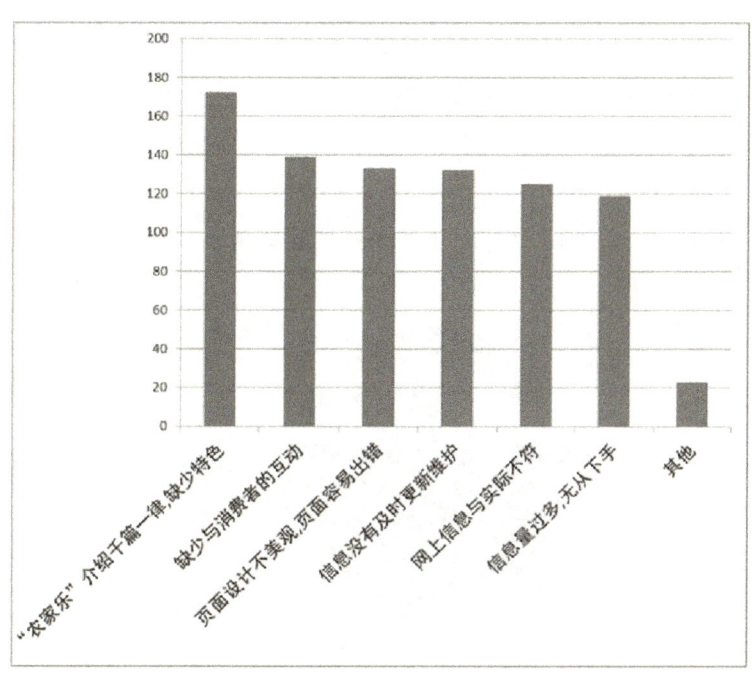

图 4.14 受访对象认为当前"农家乐"网络推广普遍存在的问题

(六)受访对象对"农家乐"网站在线服务和在线反馈的需求情况

图 4.15 所示,190 名消费者希望"农家乐"网络推广提供在线旅游产品购买的服务,占游客总数的 53%,他们希望提供的服务分别是"农家乐"住宿餐饮的预订或预支付、"农家乐"周边景点门票的预支付和当地土特产的在线购买。图 4.16 显示,受访消费者对"农家乐"在线反馈非常重视,有 57% 的游客希望"农家乐"网络途径及京郊旅游资讯网站(APP)设有游客反馈信息,可以采用"农家乐"相关网站或 APP 客服、"农家乐"自身微博、"农家乐"自身微信及微信群、开设驴友游记板块、"农家乐"QQ 答疑及 QQ 群和"农家乐"微信公众号客服等多种形式。

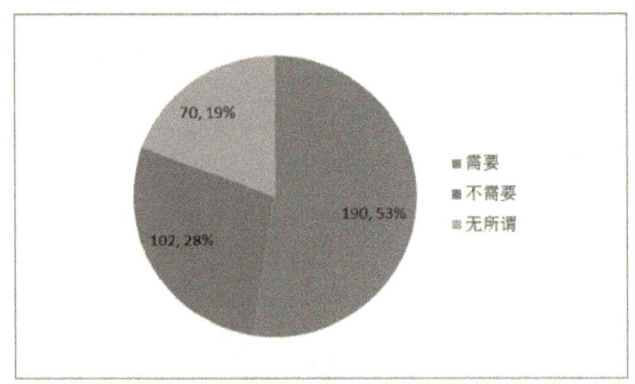

图 4.15 受访对象对在线服务需求饼图

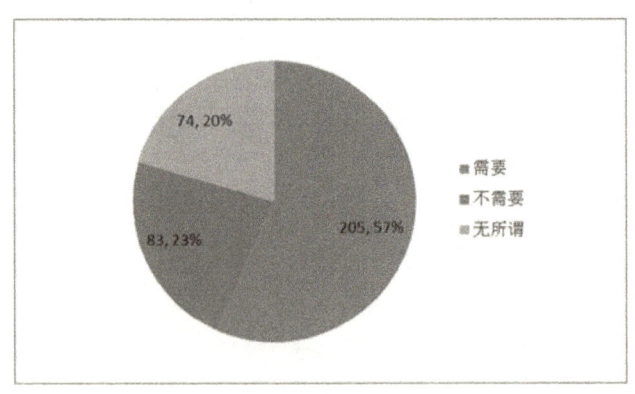

图 4.16 受访对象对在线反馈需求饼图

(七)消费者倾向关注"农家乐"的网络促销活动

图 4.17 是对消费者调查"您倾向关注'农家乐'哪种网络促销活动?"的调查结果,从图中可以看到,消费者最喜欢打折促销,其次是 VIP 积分制,再次是赠品促销,笔者在网络推广模式中鼓励客户参与推广促进活动时将根据客户的需求进行促销。

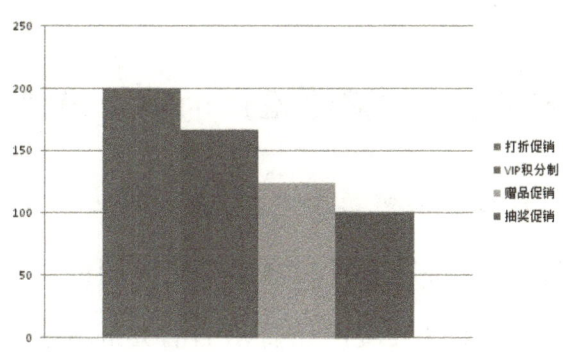

图 4.17　消费者倾向关注"农家乐"网络促销活动的柱形图

4.3　促进"农家乐"网络推广发展的建议

4.3.1　充分给予"农家乐"网络推广的组织保障

通过和"农家乐"经营者的深入沟通发现,他们普遍意识到当地政府对"农家乐"的发展起着至关重要的作用。因此,各县、镇政府要在"农家乐"网络推广中发挥积极作用,指导所辖各村"农家乐"形成自己鲜明的品牌特色,充分发挥其灵魂作用。

政府必须促进农村网络的建立和完善,为"农家乐"顺畅使用网络奠定良好的支持作用。但"农家乐"自建网站所需成本相对较高,而在调研过程中,消费者对旅游资讯网站或 APP 非常重视。政府的旅游推广平台和 APP 通常整合了该地区餐饮、住宿、民俗等全方位的旅游资讯,具有较强的权威性,推荐的"农家乐"更易赢得消费者的信任。各级政府应加大当地旅游网络建设的投入力度,建立适合本地"农家乐"的政府平台或 APP,积极引导"农家乐"经营者主动在在线旅游政府平台或 APP 发布信息,介绍自身的特色、周边景点和联络方式,并要时时对自身的信息进行维护、更新。这种平台有益于树立当地"农家乐"的良好形象,扩大其品牌知名度。

4.3.2 建立适合"农家乐"网络推广的整合模式

个体"农家乐"的月收入均值普遍不高,而采用品牌管理模式创建品牌得到消费者的认可、提高其经济效益还是需要一定时间的,因此之前提到的高投入购买百度竞价排名、在其他大型网站打广告肯定都不是适合个体"农家乐"的网络推广模式。

笔者选择了两家"农家乐"作为试点,利用搜索引擎推广、微博推广、公众号运营和即时通讯工具推广等方法实践推广,摸索建立一套充分发挥政府旅游资讯网站或 APP 和"农家乐"网站的龙头作用,并辅以微博、微信交流手段的网络推广模式,确保推广速度较快、营销成本相对较低,具有良好的互动性,并对这套模式进行普及应用和日益完善,在下节详细介绍供"农家乐"经营者直接使用。

4.3.3 普及网络技术,开展"农家乐"网络推广模式培训

农村缺乏网络营销推广实用型人才是制约"农家乐"网络推广发展的瓶颈难题,应该重视对"农家乐"经营者的培训和技术指导,送网络化信息技术和现代营销管理知识下乡。

《第 40 次中国互联网络发展状况统计报告》显示,截至 2017 年 6 月,我国

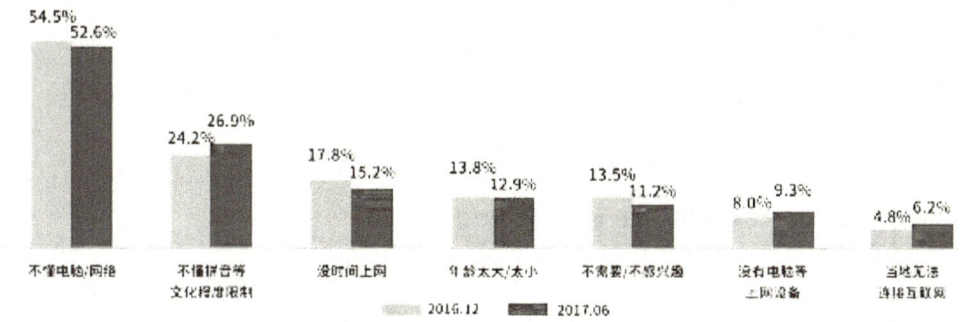

图 4.18　非网民不上网原因

非网民规模为 6.32 亿。上网技能缺失以及文化水平限制仍是阻碍非网民上网的重要原因。如图 4.18 调查显示,因不懂电脑或网络,不懂拼音等知识水平限制而不上网的比例分别为 52.6% 和 26.9%;由于不需要或不感兴趣而不上网的比例为 11.2%。非网民中愿意因为免费的上网培训而选择上网的人群占比为 22.1%。

因此,应该分层次有步骤地组织开展"农家乐"网络推广模式的培训,首先对农村中青年人、有网络使用经验的人进行拔高应用培训,然后逐渐普及,帮助"农家乐"经营者提高网络推广知识和网络推广长期运营意识。

《第 40 次中国互联网络发展状况统计报告》还显示,截至 2017 年 6 月,当地无法连接互联网等上网设施限制而无法上网的比例分别为 9.3% 和 6.2%;由于上网费用降低及提供无障碍上网设备而愿意上网的比例分别为 21.8% 和 19.3%。政府部门还应实施农村手机上网资费优惠等惠民工程,"农家乐"经营者可以通过手机上网,借助操作最简单、应用最普及的零资费手机应用软件——微博、微信和游客即时沟通。

笔者所在的北京农业职业学院电子商务与营销专业团队的教师都是既有良好的专业知识背景又有一定的人文素质,且具有较强的实操经验,并愿意热心帮助农民解决实际问题。如果"农家乐"经营者缺乏网络推广运营人才,又没有足够的资金聘请专业电商公司,可以和北京农业职业学院电子商务与营销专业联系校企合作。北京农业职业学院电子商务与营销专业团队愿意为"农家乐"品牌的网络推广提供技术支持。

4.4 "农家乐"网络推广模式研究

笔者于2013年项目结题时摸索研究出一套适合"农家乐"推广直接使用、成本较低的网络推广模式。这两年随着移动互联网在农村的普及,笔者在之前研究的基础上再次对这一网络推广模式进行深化和完善。

4.4.1 进行以客户为本的网站设计,提供全面新颖的信息,打造"农家乐"的域名品牌

(一)构建"农家乐"自身网站、打造"农家乐"域名品牌的重要性和必要性

尽管建设"农家乐"自身网站对"农家乐"经营者来说是一笔不菲的投入,但构建网站是网络推广永远必不可缺的,也是"农家乐"品牌管理的关键环节。之前也提到,在对消费者的调查结果分析后得出,消费者在了解"农家乐"相关信息时首选"农家乐"自身的网站。

所以,"农家乐"品牌经营者即使在前期不以构建自身网站为主的话,在通过品牌管理模式打造"农家乐"品牌、赢得客户的美誉度的过程中也必须构建自身的网站,打造、建设和长期维护"农家乐"的域名品牌。

"农家乐"经营者自建的网站不仅是提供住宿餐饮信息、农家活动及服务的媒体载体,还是大众消费者了解"农家乐"旅游的一个窗口,更是"农家乐"品

牌形象的代言。如果一个"农家乐"品牌连网站都没有或是做得很差,消费者就会觉得这个品牌跟不上形势。如果网站做得好,就能给消费者一种高端的感觉,同时增强消费者对"农家乐"品牌的信任度。

"农家乐"网站建设是"农家乐"网络推广的基础,也是网络品牌建设和推广的基础。在"农家乐"网站中有许多可以展示和传播品牌的机会,如网站上的"农家乐"品牌标识就可以采用第三章"农家乐"品牌经营者设计的品牌标识,两者相互呼应,加深"农家乐"品牌的宣传。

"农家乐"自建网站必不可少的要素之一——域名与网络品牌之间也存在密切的关系。域名作为互联网数据交换时的唯一标志,随着互联网在商务贸易中的应用,发展成为品牌发展的识别标志,越来越成为网络推广中重要的策略性资源。域名是"农家乐"在互联网上的名称,一个富有寓意、易读易记、简短精炼、便于使用和具有较高知名度的域名无疑是"农家乐"品牌的一项重要的无形资产。这是因为,用户上网通常是通过在浏览器地址栏内输入域名来实现,所以域名作为"农家乐"在互联网上的地址应该便于用户直接与"农家乐"站点进行信息交换。简单精炼、易读易记的域名更便于消费者选择和访问"农家乐"网站。

由于英文域名与中文品牌之间并非一一对应的关系,使得域名注册对"农家乐"品牌建设的重要性显得至关重要。尽管从消费者访问网站的角度来看,一个域名就够了,但实际上,由于域名有不同的后缀(如.com、.net、.cn、.biz等),为了避免其他品牌的干扰,不至于造成混乱,对于一些相关的域名采取保护性注册是有必要的,尤其是"农家乐"品牌管理获得消费者的美誉度和忠诚度时期。《第40次中国互联网络发展状况统计报告》显示,截至2017年6月,中国网站数量为506万个,半年增长4.8%。"农家乐"品牌如果不及时对域名采取保护性注册,与品牌相对应的域名就可能早被其他企业注册使用,再想注册为时已晚。

(二)设计出以客户为本的网站结构,全面介绍"农家乐"的品牌特色

在对消费者的调查结果分析表明,消费者认为现在"农家乐"网络信息及京郊旅游资讯网站(或 APP、公众号)普遍存在的问题排在前三名的是"农家乐"介绍千篇一律、缺少特色、缺少与消费者的互动和页面设计不美观,页面容易出错。"农家乐"网站的页面内容一般应包括"农家乐"品牌的经营理念、"农家乐"简介、"农家乐"发展动态、与消费者的互动。事实上,目前"农家乐"自建网站仅仅有"农家乐"简介、联系方式。网站设计中缺乏与消费者沟通、互动环节,传播单向化,缺乏人性化设计,无法发挥网站的沟通优势,更无从谈起"农家乐"品牌的宣传。

"农家乐"网站是一个直接与消费者交流的平台,外观设计好坏与否直接影响到访问者的注意力,是引起消费者注意、知晓并主动点击页面的关键所在。

丰富的内容才能吸引更多用户,才有更大的潜在市场。因此,"农家乐"品牌经营者在进行自身网站建设时要设计出以客户为本的网站结构,全面介绍食宿信息、景区状况及旅游攻略,并提供丰富多彩的特色活动,在网站通过各种新颖活泼的手段将这一切呈现给客户,如声音、文字、图片和视频多种方式的配合使用,才能吸引更多的潜在客户访问网站,进而产生体验欲望,也可以在网站上将"农家乐"场景设计成"迷宫"等游戏,吸引用户在网站上体验,提前对"农家乐"有一个感性认识,等用户实际到"农家乐"旅游时也会有一种亲切感。

在网站设计与规划上可以根据自身特点,考虑加入最新资讯、会员管理、"农家乐"餐饮住宿预订板块、周围景区门票预订板块和中英文双语版等更具特色和吸引力的内容。后期,经营者还需投入精力运营网站,及时更新资讯,推出节假日特色活动并及时发布,来吸引更多客户。

4.4.2 巧妙利用搜索引擎进行"农家乐"品牌的网络推广

搜索引擎是指根据一定的策略,运用特定的计算机程序从互联网上搜集信息,在对信息进行组织和处理后,为用户提供检索服务,将用户检索到的相关信息展示给用户的系统。目前为人们所熟识的搜索引擎工具有百度、搜狗、必应、360搜索和谷歌等。

《第40次中国互联网络发展状况统计报告》显示,即时通信、搜索引擎、网络新闻作为基础的互联网应用,用户规模在2017年上半年趋于稳定。我国搜索引擎网民规模为6.09亿,网民使用率为81.1%。搜索引擎作为互联网的基础应用,是网民获取信息的重要工具,使用率在所有应用中一直是稳居第二位的。搜索引擎应用继续保持移动化趋势,人工智能实际应用效果尚未对用户体验带来明显提升,市场成长面临较大压力。

因此搜索引擎是对潜在客户推广的有效方式之一。越来越多的"农家乐"品牌愿意尝试在互联网上建立自己的网站,希望借助网络的力量助"农家乐"品牌发展一臂之力。要知道网站只是一个平台,如果没有推广,网站的知名度就打不出去。上小节提到截至2017年6月,中国网站数量为506万个,世界上网站总数已经超过上千万,一家"农家乐"品牌如何让消费者在这浩如烟海的信息世界里找到自身网站呢?搜索引擎是目前最重要、效果最明显的网络推广方式。著名搜索引擎业界评论家丹尼·苏利文曾做过一个形象的比喻:"如果你没把登录搜索引擎纳入你的总体网络营销计划,那么就好像在传统市场推广中不考虑电视、报刊等主流媒体一样。"由此可见,搜索引擎在提高"农家乐"网站的访问量中起着举足轻重的作用。

但必须指出,此前所提到将钱较多地投入到搜索引擎关键词广告中的作法,这是不可取的。"农家乐"在打开品牌知名度前都是利润比较少的,企业的高投入百度竞价模式显然不适合于"农家乐"的网络推广。而笔者分析认为采用问题关键词进行搜索引擎优化作用则是事半功倍的,可以达到提升品牌知名度、促进消费者光临"农家乐"等目的。首先,"农家乐"经营者设置问题关键词投放在百度知道、新浪爱问、天涯问答、知乎和SOSO问问等主流的问答平台上,借助这几大平台宣传自身品牌,其中百度知道的市场占有率最高;其次,在自身网站上设置问题解答板块,用以解说在乡野郊区旅游可能遇到的一些常见问题及解决办法。对可以预见的常见问题,如至周围景区的交通路线、景区门票、景区特色等,提前在解答板块提出并解答,以备客户查询。

以此两者为基础,当客户搜索有关景区旅游问题时,该"农家乐"经营者的信息必然高频出现,往往都能在搜索引擎中获取到非常好的排名,广告效果不言而喻,对该"农家乐"品牌形象的建立必然起到积极作用。通过问题关键词寻求帮助和找答案的用户,往往都是对"农家乐"旅游感兴趣或有需求的。通过这种问题关键词推广吸引来的用户精准度比较高。用户与用户之间相互回答与互助,这其中不夹杂任何的利益关系,完全是普通用户之间的观点与经验交流,消费者对信息的信任度非常高,更容易在用户中间形成口碑效应。"农家乐"经营者回答问题的时间要错开,不要一上线直接回答10个问题然后下线,这种表现不符合用户的正常行为,容易引起消费者怀疑,不易赢得消费者的信任。回答问题的内容一定要靠谱,只有好的内容才能打动和影响消费者。同时切记,正文内一定不要带网址,"农家乐"经营者可以使用启发的形式推广,比如在答案中留下"农家乐"的名字,引导消费者到搜索引擎去搜索。采用问题关键词进行搜索引擎优化要想有效果,关键要做到两点,一是每天回答的问题量要大,围绕某一景点或某个关键词不停地制造问题,二是要坚持长久。对于同一类型的问题,不要总用同样的标题提问,要结合用户搜索引擎的用语习惯,多用不同的问法提问,这样才能从搜索引擎中获取更多的流量。

目前,搜索引擎呈多元化发展,关键词的输入不仅通过键盘,还可以通过语音、拍照、扫描等方式输入；搜索结果不仅以传统的图文方式展示，还可以地图、短信、语音等多种形式来呈现。这种多元化的发展满足了不同人在不同情况下的搜索需求，使搜索变得更加方便，获取信息的成本变得更加低廉。因此，搜索引擎已经成为越来越多的人获取信息的首选渠道。所以，"农家乐"经营者还可以将周围景区照片、地图、交通线路图和语音导航作为内容，拓展关键词，以顺应这种发展，更加巧妙地利用搜索引擎来宣传自己。

4.4.3 借力政府推广平台、旅游资讯网站或APP进行"农家乐"推广

这两种平台也是消费者非常信赖的推广方式，也是部分"农家乐"已经采用的主要推广方式。

政府旅游推广平台通常整合了涵盖地区景点、餐饮、住宿、民俗、特产等全方位的旅游资讯，由当地旅游管理部门集中宣传本地旅游产品，优点是权威性强，所推荐的"农家乐"品牌更易得到潜在客户的信任，消费有保障。目前北京市和各区县均已建立旅游推广在线平台。这种推广模式，借助了政府强大的信息化平台、宣传优势和公信力支持，是"农家乐"经营者的首选。

之前调研分析提到，旅游资讯网站或APP是消费者选择"农家乐"的第二大途径。这类网站通常提供旅游目的地的景点介绍、旅游指南、餐饮住宿等信息，"农家乐"经营者通过在网站上介绍自己、展示图片等手段进行推广。这类网站的显著特点是提供游客游记发布，阅读者可以透过别人的感受来了解"农家乐"的品牌，客观性和真实性更强，如携程网、去哪儿网和"农家乐"联盟等均属于此类型的网站，且均已开通APP。笔者去安徽巢湖姥山岛"渔家乐""游玩就是在携程网购买的船票。但同时，由于这类网站较多，鱼龙混杂，且通过这些网站推广都需要支付一定的费用，所以选择时要仔细甄别。可以借助站长

工具等方法来判断和选择知名度高、访问量大的网站。

无论是通过政府旅游推广平台,还是旅游资讯网站进行推广,"农家乐"经营者都必须要考虑到所有的信息发布者使用的都是相同模板,只有使自己的信息内容更具特色,才能崭露头角。

4.4.4　利用博客、百度贴吧,拓宽"农家乐"网络推广的途径

对于"农家乐"经营者来说,知识水平的限制,使得建立和维护网站难度很大,但是又想在网络上拥有一个展示和宣传的平台,那选择博客来替代网站则是一种较好的选择。"农家乐"利用博客这种网络平台,通过博文的形式进行宣传和展示,从而达到提升品牌知名度、吸引消费者的目的。

图4.19为笔者帮助延庆下德龙湾村"鸿运旺源农家乐"管理咨询时帮其注册的博客,这种博客推广易于操作,费用低廉,而且针对性强。博客推广并不是建立大量的广告博客,同样博客的内容也不能是大量的广告信息。要创建或转载与"农家乐"和周围景区主题相关,且具有可读性的优质内容。只有内容优质,才能吸引用户和搜索引擎。想让博客产生打造品牌知名度的效果,就要和维护正常的网站一样,每天坚持更新。一个从来不更新的博客,谁也不会关注的。不仅是人,就连搜索引擎也不会喜欢那些天天不更新的博客。博客只有保持一个良好的更新状态,搜索引擎才会喜欢,才会为"农家乐"带来人气。内容一定要围绕目标消费者的喜好和需求来写,以分享经验、帮助消费者解决问题为最佳,这类博客是最容易赢得用户的。同时切记不要一味地转载内容,这样是成为不了品牌的。一定要有原创,而且是精品原创,坚持长期更新,至少一周一篇优质原创内容。"农家乐"经营者可以借助新浪博客、搜狐号等平台进行零成本宣传,这种途径受到一些中青年经营者的青睐,实际推广效果较为理想。但新浪博客是个老渠道了,属于需要长期坚持更新的,短时期内

是见不到效果的,视"农家乐"经营者的精力情况运营为好。

图 4.19　鸿运旺源农家院的博客

光年论坛于 2012 年 10 月 20 日关闭。大旗网于 2015 年 7 月 28 日关闭。网易论坛于 2016 年 10 月 19 日关闭。搜狐社区于 2017 年 4 月 20 日正式停止服务。曾经风靡一时的 BBS 已经失去了当年的辉煌,因此论坛推广这种方式已经没有出路。而百度贴吧是 PC 端大众搜索频率较高的渠道,是目前全球最大中文社区,影响力还是比较大的,因此贴吧发贴依然是"农家乐"可以选择进行网络推广的一种方式,而且往往可能取得意想不到的效果。但因百度贴吧早前被使用得太过泛滥,现在是百度监管最严的区域,目前在内容推广方面监管得十分厉害,在做内容运营的时候,需要有些原创观点含量的内容,否则很容易被识别成广告,被系统删除和屏蔽。在百度贴吧发贴一定要选好相关性很强的贴吧,如果发的地方不对,帖子很快就会被删除。还有个要点是发完主题以后,要换 IP 用自己的马甲顶一顶,这样的好处是很容易被百度迅速抓取,根据长期观察发现没有回复的主题帖,在被百度收录后一段时间内很容易被清除,而有回复的就好很多,所以发主题一定要消灭零回复,在热门和相关的贴吧,细心写一篇内容详实的软文,然后用马甲号抢占沙发发个外链,之后没事就拿各种小号上去顶一下,这个工作看似多余,其实价值很大,百度贴吧最重要的好处就是自然导入效果很好,有很多用户都愿意点一点进去看看你的网站。

利用这两种平台推广,是客户普遍愿意接受的隐性推广,既是非常便捷也是效果相对理想的网络推广方式。利用软文技巧撰写的博文和贴吧帖子都可以通过图片、视频等影像资料给予客户视听刺激,并可以利用话题和关键词提升搜索引擎排名。同时,经营者可以通过评论或回复的方式了解客户需求,拉近与客户之间的距离。经营者还可以借助个性签名留下联系方式或网站链接,隐性宣传自身品牌。

利用上述这两种方式进行推广时,需要经营者对博文和帖子细致打理,经常回复和更新,既利于带给客户亲切、真实的感受,又利用使帖子长期置于贴吧首页,增强推广效果。

4.4.5 进行微博推广,打造网红"农家乐"

以微博这种网络交流平台为渠道,通过微博客的形式进行推广,以提升品牌、口碑、美誉度为目的的活动就叫微博推广。微博作为社交媒体,得益于名人明星、网红及媒体内容生态的建立与不断强化,以及在短视频和移动直播上的深入布局,用户使用率持续回升,达 38.7%,2017 年 6 月较 2016 年 12 月上升 1.6 个百分点。

相对于强调版面布置的博客而言,微博的内容由简单的语言组成,对操笔者的技术要求门槛很低,而且在语言的编排组织上没有博客的要求高,只需要反映自己的心情,不需要长篇大论,更新起来更方便。微博推广操作非常简单,只要能够写出 140 字以内的内容,然后发布到新浪这一免费微博平台就可以了,马上书写,马上发布。微博的申请是免费的,维护也是免费的,而且维护的难度和门槛非常低,不需要投入很大的资金、人力等。因此,这种微博推广方式是非常适合"农家乐"品牌的经营者的。

博客关注是一种被动的关注状态,博文内容的传播受众并不确定。相对而言,微博的关注则更为主动,只要轻点"关注"即表示你愿意接受该用户的及时更新信息。这对于品牌推广更有现实价值。而且与博客相比,微博的互动性非常强,可以与粉丝即时沟通,及时获得用户的反馈与建议,第一时间针对用户的问题给予回应。如图4.20是笔者在帮鸿运旺源农家院做咨询指导时,"农家乐"经营者针对粉丝的疑问与粉丝的及时沟通给予回应。因此通过微博这个平台,将会更好拉近与用户之间的距离。

图4.20 微博与粉线互动

微博推广很重要的前提就是需要先拥有足够的粉丝,下面笔者就和"农家乐"经营者分享如何增加粉丝,打造网红"农家乐",收获大赞的口碑。

微博虽然"微",但也是个"博",同博客一样其核心还是内容。当微博发布用户喜欢的优质内容时,转播量就会增加,而看到的人多了,吸引的粉丝自然就多了。因为一篇微博就100多字,想将微博的内容做好确实不易,可以使用一个小技巧——搭社会热点的顺风车。每当社会上有热点事件发生时,都会成为全民关注的焦点。此时"农家乐"品牌的经营者可以围绕热点制造一些有感染力的内容,自然也会受到关注。微博同博客一样,也需要勤更新,如果更新速度过慢,被关注度就会降低。微博有个标签功能,"农家乐"经营者可以设置10个最符合品牌定位的标签。设置合适的标签,将会极大地增加曝光率,对相关标签感兴趣的人有可能主动成为粉丝。

主动出击,主动关注别人,也是一种很直接的方法。在新浪微博找到靠互听或互粉建立起来的账号,这些账号最明显的一个特点是他关注的人比收听他的人要多,然后在这些账号的粉丝列表中找到自己感兴趣的人主动关注。因为这些人都是之前与这些账号互粉成功的,都比较乐于回粉。

有时也可能制造一些有争议的内容,引发别人的关注与转发,也可以达到大量曝光和增加粉丝的目的。

做活动是一个非常传统但也实用的方法。能够增加粉丝量的活动主要有以下三种:1.抢楼活动。"农家乐"经营者发出一条活动博文,要求用户按一定格式回复和转发,通常都是要求至少回复3个人,并进行评论。当用户回复的楼层正好是规则中规定的获奖楼层(如100楼、200楼),即可获得相应的奖品,"农家乐"经营者可以自制一些带"农家乐"品牌标识的纪念品,如笔记本、台历等,送给获奖楼层的用户。2.转发抽奖。"农家乐"经营者发出一条活动博文,要求用户按一定格式转发,通常都是要求至少转发3个人,并进行评论。最后在参与活动的用户中,随机抽出一部分幸运者发放奖励,如奖励幸运者免费到"农家乐"住宿。3.转发资源:"农家乐"经营者发出一条活动博文,要求用户按一定格式转发,通常都是要求至少转发3个人,并留下邮箱。凡是转发者,邮箱中都会收到一份"农家乐"消费的优惠券。

微博不是广告发布平台,千万不要拉来一些粉丝就开始发广告,那样完全是浪费时间和精力。微博不要只记流水账。微博推广的核心是通过语言、文字与用户互动,从而达到提高知名度和美誉度的目的。所以内容要情感化,要为用户提供有价值、有趣的信息。微博推广不是一个人自言自语,所以不要只是单方面发布信息,要学会与用户互动。只有通过与用户不断交流,才能获得用户的信任与好感,也只有这样才能真正让用户参与到"农家乐"组织的活动中,并为"农家乐"品牌发展提供有价值的反馈与建议。

4.4.6 坚持微信公众号、今日头条的运营,用新媒体吸引移动互联网用户的眼球

《第40次中国互联网络发展状况统计报告》显示,截至2017年6月,我国

手机网民规模达7.24亿,较2016年底增加2830万人。网民中使用手机上网的比例由2016年底的95.1%提升至96.3%,手机上网比例持续提升。

微信公众号、今日头条等都是独立于传统媒体之外的"新媒体",是传统媒体在移动传播平台的品牌延伸,在当今手机网民逐年增加、新媒体发展这么迅猛的时代,"农家乐"品牌的经营者只有抓住机会,坚持微信公众号、今日头条的运营,进行内容和形式的不断创新,才能在激烈的竞争中占有一席之地,吸引大量移动互联网用户的眼球。

新媒体运营绝不仅仅是把传统媒体的内容摘编或复制到微信平台,而是要走出一条独具特色的新媒体运营新路径。只有优质的原创内容,才是微信公众号、今日头条号的制胜之道。坚持新媒体运营,要注意做好以下工作。

(一)选题技巧

要想在众多公众微信公众号或今日头条等新媒体中脱颖而出,最根本的就是要保证内容,要明确定位,做出符合"农家乐"品牌定位的内容,将实用性和趣味性等元素完美结合在一起,展现自身的优势。与微博相比,微信公众平台没有时效性优势,只能对新闻事件进行深度挖掘和详细解读,紧扣"价值"和"创意",主要有以下几个选题技巧:1.在近期热点话题中找选题,这比较适合综合性新闻媒体。受众一般在广播电视、新闻客户端、微博等时效性强的媒体上对热点事件有所了解,但不深入,微信要发挥深度解读的优势,在热点事件中选题;2.充分挖掘地方特色,对本地热点深入分析或对实用知识进行梳理,可取得不错的传播效果;3.也可以老题新做,对历史、人文、旅游、养生、励志等老题材进行重新解读,如果解读得有特色、有吸引力,为有明确需求的群体提供了专业建议,也会被网友大量阅读转发。

(二)标题制作

微信属于纯移动端阅读,用户即使在二级、三级界面中看到的也首先是文章标题,因此标题是否吸引用户眼球,对文章的打开率、阅读量和转发率有极大的影响。好的文章内容配上一个点睛之笔的标题,才能起到事半功倍的传播效果。在充分审读内容的基础上,标题必须反复推敲、修改,做到简洁、生动、传递文章精华。微信公众号阅读量较大的文章,标题一般都简练而又不落俗套。标题的长度应当在 6 至 13 个字之间,过多或过少都会降低用户的兴趣。文章标题可以采用疑问、反问等方式设置悬念,刺激用户的阅读欲望,也可以利用汉语的博大精深,使用比喻、押韵、谐音等方式让用户感到眼前一亮。但千万注意一定不能断章取义、扭曲事实,做盲目跟风的标题党,用比如"不看后悔一辈子""朋友圈转疯了"等煽情标题。新媒体支持文字、图片、语音、视频等多媒体形式传播,通常具有更好的传播效果。

(三)把握好发布时机

新媒体只针对移动端推送,实现了一对一的精准到达,且是用户主动关注订阅,信息被阅读的概率比传统媒体大大增加,但到达率毕竟不等于阅读率,大部分用户订阅公众号太多,也没时间一一打开阅读,再加上朋友圈里每天也有大量的好友分享文章,因此新媒体要想提高打开率和阅读率,必须重视发布策略,尤其是要把握好发布时机。新媒体文章一般属于千字阅读的范畴,至少需要几分钟时间去阅读,用户在上下班途中、工作休息期间及睡前这些碎化时间打开阅读的几率较大,因此运营人员尽量选择在这些碎片时间之前发布,至于一天发布一次还是两次并不太重要,重要的是文章质量,尽量做到宁缺毋滥。通常新媒体粉丝量的增加一部分是靠优质内容吸引来的,一篇质量高的文章会在朋友圈不断地转发,形成良好的口碑,带来粉丝量的快速增长。另外,双休日、节假日期间尽量不要间断,可进行少而精的发布,因为节假日恰恰是用户阅读时间最充裕的时候,优质的阅读内容可提高用户黏性和忠诚度。

(四)重视与用户互动

传统媒体主要是进行一对多的单向传播,最大的劣势就是与受众的有效互动不足。在移动互联网上,"阅读"功能需求没有平面媒体那样强烈,而"互动"需求则表现明显。微博属于媒体属性较强的广场类社交媒体,用户参与互动的积极性较高,而微信则属于私密性较强的通讯工具,主要是进行一对一的双向互动。有部分微信公众号开通了方便用户之间交流的微社区平台,鼓励用户在微社区中发起话题,参与互动。"农家乐"品牌经营者如果感觉坚持长期撰写质量好的内容有难度,也可以鼓励光顾过"农家乐"的游客将旅游游记向"农家乐"公众号投稿,并将游客游记发布在"农家乐"品牌公众号平台上,既充实了公众号的运营,游客看到自己的游记在平台发布也会感觉到自己受到重视,会主动分享到朋友圈,游客的视角更容易打动潜在消费者,吸引他们关注"农家乐"品牌公众号,对比游客在游记中提到的"农家乐"需要改进的建议,"农家乐"经营者首先要诚恳接受,这是最直接的用户反馈,是帮助"农家乐"品牌提升的最有效意见。同时在评论区及时回复积极改进的诚恳态度,既会让老客户被"农家乐"品牌的诚意打动,也更容易增加潜在消费者的好感。当游客游记积累到一定数量和一定时间,在"农家乐"品牌公众号平台上组织一次投票活动,票数前三名的老客户可以免费再到"农家乐"消费,同行人员八折优惠。凡是向"农家乐"品牌公众号投稿并发布到公众号平台上的老客户都会收到"农家乐"消费电子优惠券,这样就巩固了老客户的忠诚度,同时在投票环节老客户会主动帮助宣传,发挥了一举多得的效用。一定要注意在组织投票活动过程中不要强行要求消费者关注"农家乐"品牌公众号,而是借助游客在游记中的真情实感打动潜在消费者吸引他们主动关注公众号。

  参与微信互动的用户一般都是所谓的"铁粉",只有对每个用户的投稿高度重视、对每条留言进行认真回复,才能激发用户互动的积极性,吸引更多的用户参与互动,不断扩大忠诚用户群。如果留言一次两次没有回复,慢慢会挫伤用户参与互动的积极性。新媒体运营中千万要重视互动功能,因为这是保持用户黏性,强化"农家乐"品牌形象的重要平台。

4.4.7 利用即时通讯工具、信息群及所衍生出来的社交服务进行推广,实现与客户的时时交流,加强"农家乐"品牌网络推广的广度和深度

《第 40 次中国互联网络发展状况统计报告》显示,截至 2017 年 6 月,即时通信用户规模达到 6.92 亿,较 2016 年底增长 2535 万,占网民总体的 92.1%。其中手机即时通信用户 6.68 亿,较 2016 年底增长 2981 万,占手机网民的 92.3%,明显领先其他手机应用。以微信和 QQ 为代表的第一梯队即时通信品牌则致力于构建用户、内容和服务三者间的连接,进而推动即时通信成为移动互联网时代的核心流量入口。微信朋友圈、QQ 空间作为即时通信工具所衍生出来的社交服务,用户使用率分别为 84.3% 和 65.8%。

由以上数据可以看到即时通讯工具推广的特点。首先是高适用性,微信和 QQ 已经成为网民必备工具,上网没有微信或 QQ 这类即时通讯工具就如同现实生活中没有手机一样稀奇。从网络推广的角度来看,对于用户覆盖率如此大、用户如此集中的平台,是必须好好加以利用的。世界营销大师克里曼特·斯通说:"未来的营销,不需要太多的渠道,只要让你的产品进入消费者的手机,就是最好的营销"。以微信为首的即时通讯工具做到了这一点。

第二是精准、有针对性,即时通讯工具的特点是一对一交流及圈子内小范围交流即通常所称的群交流,而这种交流方式可以有助于对用户进行更加精准和有针对性的推广,可以根据每个用户不同的特点进行一对一的沟通。这种特点是其他网络推广方式所不具备的。

第三是零成本易操作,无论是微信还是 QQ,只要拥有一部手机或是一台电脑,直接申请账号,只要会聊天会输入内容就可以用其推广。和其他网络推广方式相比几乎就是零成本了。

第四章 "农家乐"的网络推广模式研究

第四是持续性。即时通讯工具进行推广第一步就是先与用户建立好友关系,成为好友可以对用户进行长期、持续性的推广,这也是其他网络推广方式所不具备的,微博推广是不确定谁看了内容。在即时通讯工具上,明确知道用户是谁,可以第一时间获得反馈。

第五是一对一个性服务做到极致。移动互联网时代广大消费者更加注重的是情感体验,所以"农家乐"品牌的经营者要做好客户服务,只有抓住了客户的心,就能获得大量忠诚的游客,就能获得良好的收益。微信所能提供的最贴心,也是最能增加用户粘性的服务:一对一交流。微信附带的语音对话功能可以极大地拉近游客和"农家乐"经营者的距离,"农家乐"经营者通过一对一交流(文字、语音、图片等多种形式),能够给游客提供一个了解"农家乐"品牌特色的渠道,及时为游客提供全面的乡野郊区旅游信息和注意事项,不仅增加了游客对"农家乐"品牌的好感度,还能快速掌握游客的信息反馈,及时为游客解答疑惑,增加"农家乐"对客户的吸引力,久而久之便提高了"农家乐"品牌的工作效率。同时,这种一对一交流的模式在口碑宣传推广上也有优势,一些忠实客户必定会向朋友推荐"农家乐"品牌,而在前面调研结果反馈中,消费者最信任地选择"农家乐"的方式就是亲友推荐,这无形之中就为"农家乐"品牌带来了新的客户。

"农家乐"经营者还可以根据客户的使用偏好建立忠诚客户的微信群或QQ群,节假日前夕问候和祝福客户,带给客户温暖和感动。图4.21是对消费者通常选择在何时到农家乐游玩的调查结果直方图,周末和法定三天小长假是消费者选择的前两位,其次是十一黄金周。

因此,游客通常是在节假日期间选择京郊旅游,这种做法自然使游客选择"农家乐"品牌的机率大大增加。而通过微信群或QQ群所发布的优惠活动等信息,显然比前述各种推广方式更具有实效性,并由于其真实感而带来更大的吸引力。

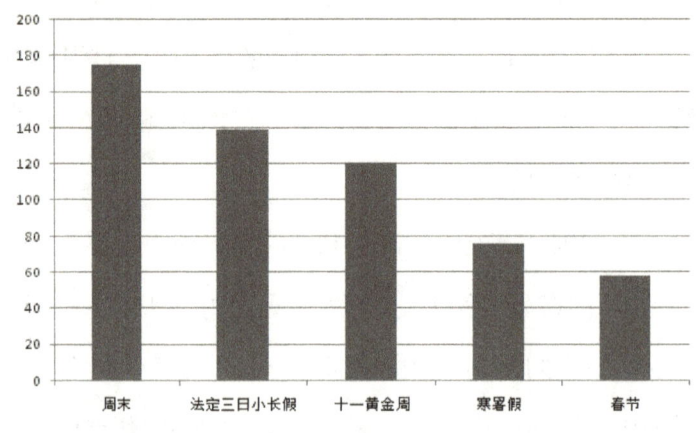

图 4.21　消费者选择何时到农家乐游玩的调查结果直方图

一旦和客户成为微信好友或 QQ 好友后,可以通过朋友圈或 QQ 空间分享周围景区的照片、周围景区的旅游攻略或是农家生活的情景等新鲜话题,就好像和老朋友交心一样娓娓道来,这样会增加老客户的好感,老客户感觉有意思也会分享给自己的朋友有可能带来新的客户。图 4.22 就是北京市延庆区千家店镇下德龙湾村"周家大院"农家乐经营者在朋友圈分享的延庆百里画廊十一期间花海的美景,图 4.23 是到他家旅游的游客很多,用小视频的形式介绍"农家乐"工作人员从中午忙到下午的场景,图 4.24 分享的是延庆山区的红叶美景,图 4.25 是到山中采蘑菇的生活情景,这样游客如果喜欢吃蘑菇就会知道他家的蘑菇确实是山中天然的,愿意光顾他家。这种自然的分享无形中让游客感觉很亲近。图 4.26 分享的是延庆山区的冰雪景,对于北京城一直没下雪的游客来说很有吸引力。这一幅幅平时生活场景的自然分享会吸引客户的注意力,引发他们再次光顾的兴趣。

使用这种即时通讯工具对"农家乐"品牌进行推广,"农家乐"品牌的经营者需要注意以下几个问题。

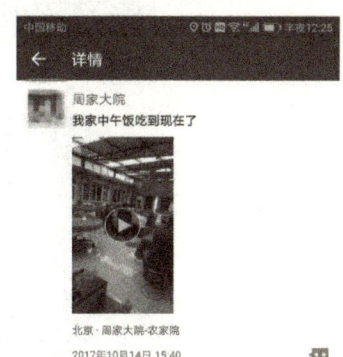

图 4.22　百里画廊花海　　　　图 4.23　午餐忙到下午

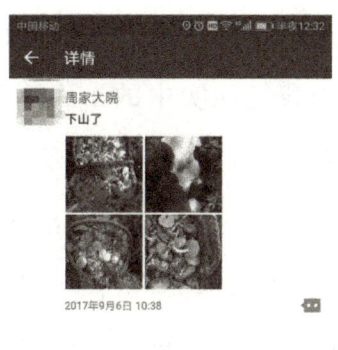

图 4.24　延庆山区的红叶　　　图 4.25　山口采蘑菇

图 4.26　延庆山区的冰雪景

1.即时通讯工具已经成为用户的网络必备工具之一，所以微信或 QQ 的形象就相当于我们现实中的个人形象，好的微信或 QQ 形象会让我们事半功倍，它是我们在网络上的形象展示。微信或 QQ 头像一定要有特色，最好能够让人一眼记住，因为只有让用户记住，才有可能选择"农家乐"品牌。头像要给人以信任感，突出亲和力，切忌使用过于幼稚、低俗的头像，那样会大大降低用户对品牌的印象及好感度。同样的道理，昵称要稳重有特色，要朗朗上口、便于记忆，也要突出信任感和亲和力。"农家乐"品牌可以用品牌名称，这样可以积累"农家乐"品牌的知名度。一开始就定好，轻易不要改名，因为网络上大家只认识名字，一旦名称改变，可能用户就认不出了。

2.即时通讯工具推广可以一对一交流，或是在群中交流，因此本质在于与用户的互动与交流，要注意沟通技巧。与用户交流时语气助词要慎用。微信或 QQ 聊天时，大家经常会带一些语气助词，比如哈哈、嘿嘿、呵呵、晕、倒等，另一端的人看了这些词汇后会有什么感觉？曾经有人在网络上调查"当你的网友说下面哪个词时,你最想抽他",结果有64%的人选择了"呵呵"。网友普遍觉得"呵呵"太敷衍。

沟通时机的选择很重要,例如半夜12点,这个时段只要不是很重要的事,就不要打扰用户,这个点还在线一定有事,即使对方很闲,但此时人的精力、判断力处于一天当中的低谷,而且这个时间段是人情绪最低落、最容易与人发生矛盾的时候。因此,"细节决定成败",沟通时机选择不当,不仅不能增加用户的好感,甚至还可能引起用户的抵触情绪。

3.社群是即时通讯工具推广最常用的平台,也是效果最好的一种方式。社群推广的效果好坏直接取决于群的数量和质量。不活跃的群尽量不加,因为群里没人说话,多半是因为群成员把群屏蔽了,这样的群加了也没意义,因为发的信息没人关注。同质化严重的群尽量少加,因为可能会出现这样的情况:加了多个群,看到的都是老面孔,这样的群加再多也没效果。

作为群主在群里拥有绝对的权威性,群内的成员对群主印象最深。即使不发广告,也会产生非常好的营销效果。从实际效果来看,加10个群都没有自建一个群的效果好。建群也需要掌握一定技巧,首先建群的目的是为了将目标用户圈起来,甚至吸引目标用户主动加入。要想达到这个效果,需要群主题鲜明,这样吸引到的用户也更精准,而且起的群名要有针对性。群主要保持群的活跃度,只有群氛围活跃,成员才会喜欢群,产生 群的归属感。会员有了归属感,才会自觉听众群主的号令,所以"农家乐"品牌的经营千万不要做只建群、不管理群的事。

在群中应该以"建立感情"为主,表现得积极活跃。随着网络诈骗的出现,大家对于互联网上的信息越来越谨慎,在群里只有熟人发的消息,大家才会放心地去看或打开。因此,无论是加入群还是自建社群,应该本着建立感情,因此在群中要表现得积极活跃,先和大家搞好关系,让大家熟悉,总不在群里冒泡肯定是不行的,而且没有交流,缺少了与群内成员拉近距离的机会。只有在群中积极活跃,和大家熟悉了,甚至成为了朋友,大家才会接受自己的信息,一对一交流或是朋友圈分享才会打动用户,激起用户光顾的兴趣。

4.4.8 重视客户服务,发挥客户的口碑在互联网上对"农家乐"品牌的宣传作用

无论是对消费者的调查结果,还是笔者自己在现有"农家乐"网站或是旅游资讯网站"农家乐"网页介绍上亲自体验,现有的"农家乐"网络推广中大都缺乏互动性,不重视客服工作。"农家乐"网络推广模式之前所介绍的各种适合"农家乐"推广策略,无论采用哪种策略,实际上都要对客服工作给予足够的重视,因此笔者最后在这里单独强调这项工作。

网上客户服务过程实质上满足客户各种需求的过程,包括了解"农家乐"的详细信息、了解到周边景点旅游的详细攻略和从中寻找能满足客户个性需求的特定信息等等。

通常网上客户服务包括自助服务和人工服务两种形式。自助服务是客户通过网站、APP或公众号上的说明信息寻找相应的解答,但这种方式并不能满足客户的个性需求,往往用户体验并不好,因此"农家乐"品牌的网络推广尽量多采用人工服务这种模式,积极针对客户提出的问题人工回复给予回答,因为网络推广服务的本质就是要让客户满意,客户是否满意是"农家乐"品牌网络推广服务质量的唯一标准。要让客户满意就是要满足客户的需求,客户的需求一般是有层次性的,如果"农家乐"经营者能够提供满足客户更高层次需求的服务,客户的满意程度就更高,因此网络推广过程中要利用互联网的特性来更好地满足客户不同层次的需求。

根据客户与"农家乐"品牌发生关系的阶段,可以分为光顾前、光顾中和光

顾后三个阶段。而光顾中是和"农家乐"工作人员直接接触,所以网络客户服务就只划分为网上售前服务和网上售后服务两种。网上售前服务是指"农家乐"经营者在消费者光顾前针对消费者的需求,通过网络给消费者提供信息服务,宣传和介绍"农家乐"的全面信息,提供"农家乐"的位置导航,打消消费者的后顾之忧。网上售后服务是指客户离开"农家乐"后的后续服务,例如主动关心客户是否平安到家了,问询对此次"农家乐"旅游是否满意、"农家乐"需要进一步改进之处,对客户回馈中提到的问题要给予回答,承诺今后一定改善,并马上行动,然后把改进后的情况及时反馈给客户,增加客户的好感。这些客户是对"农家乐"品牌进行认知的载体,良好的旅游体验和精致的网上客户服务会使客户自发地对"农家乐"品牌产生好感。通过这些客户的良好口碑会由内而外地扩大"农家乐"品牌的影响,起到宣传品牌的作用,为"农家乐"品牌的发展提升竞争能力。

第五章 结论和展望

5.1 研究工作回顾

在我国加入WTO,经济的全球化以及休闲旅游的国际化等大前提的影响下,"农家乐"经营管理被带进了激烈的品牌竞争时代,要以质量和特色求生存和发展。本书的主要内容为:

1、第一章首先介绍了"农家乐"旅游在国内外的产生和发展情况,并介绍了本项研究的意义和主要方法。

2、第二章主要是笔者参阅了大量书籍、期刊,确定了"农家乐"的概念,介绍"农家乐"旅游的特点和几种主要经营管理模式,并分析了"农家乐"的现状问题,指出"农家乐"可持续发展必须要创建品牌。笔者接下来解析了品牌和品牌管理的内涵,由此"农家乐"想扩大品牌的知名度需要进行品牌管理。

3、我们正处在品牌时代,"农家乐"发展的核心关键是打造强势品牌,必须进行品牌管理。如何构建"农家乐"的品牌管理模式是本书的重点内容。第三章笔者从强化相关利益者的品牌管理意识、精化品牌设计、做好品牌定位、完善"农家乐"的环境、建筑风格、客房和餐饮等硬件设施,注重"农家乐"的礼仪、服务、安全和卫生等软件建设,推出"农家乐"的品牌特色活动、高效客户关系管理和品牌的不断提升与创新等几大方面统一进行管理。"农家乐"品牌运用品牌管理模式,创造品牌形成品牌效应,可以带来竞争优势、增值优势和延伸优势。

4、第四章笔者首先分析了"农家乐"网络推广的发展和存在问题,通过数据图表展示了消费者对"农家乐"网络推广的看法,提出充分给予"农家乐"网络推广的组织保障、建立适合"农家乐"网络推广的整合模式和开展"农家乐"网络推广模式培训的建议,并改进了适合"农家乐"经营者直接采用的网络推广模式研究,包括了进行以客户为本的网站设计、巧妙利用搜索引擎进行"农家乐"品牌的网络推广、借力政府推广平台、旅游资讯网站或 APP 进行"农家乐"推广、利用博客、百度贴吧拓宽"农家乐"网络推广的途径、进行微博推广打造网红"农家乐"、用新媒体吸引移动互联网用户的眼球、利用即时通讯工具与客户的时时交流和重视客户服务八大策略。

5.2 研究的贡献性

本书的贡献和创新点如下:

1.国内外学者面对"农家乐"同质化严重、管理不规范,都提出可持续性发展的理念,但缺少"农家乐"经营者可持续发展的具体方式,笔者提出"农家乐"经营者应该进行品牌管理模式。品牌管理模式与一般管理不同的是把强化品牌管理意识、精化品牌设计、做好品牌定位、完善提升各种硬、软件设施建设、推出品牌特色活动、高效客户关系管理等各个环节看成是一个有机的整体,都围绕品牌战略进行管理工作。

2.2014 年之前国内学者研究的注意力主要集中于乡村旅游电子商务方面的应用;2014 年之后更多学者研究焦点放在了农家乐的网络营销上,但只是提出农家乐网络营销的对策,没有形成"农家乐"经营者可以采用的网络推广模式,笔者根据这几年网络营销模式和手段的更新情况,对 2014 年课题研究成果进行完善,推出一套相对成熟、适合"农家乐"直接采用的网络推广模式。

5.3　研究的后继方向

笔者作为一名一线教师,主要利用业余时间进行课题研究,事实上是非常不容易的,因此受调研条件所限,本研究所选取的样本为随机样本,而且受调查对象理解能力和生活背景等主观因素的影响,问卷的填答可能会存在一定偏差,如果有更多的精力和条件能够实现按比例抽样,相信研究成果将更具有说服力。

笔者通过和"农家乐"经营者的接触,感受到他们的朴实、热情和对获得专业的支持和帮助的渴望,不断完善研究成果,改进网络推广方法,最终完成了本书的撰写,希望研究总结出的品牌管理模式和网络推广模式能够帮助"农家乐"经营取得实质性的发展。本人后继的研究方向是通过向本课题调研给予大力支持的"农家乐"经营者们发放书籍对"农家乐"品牌管理模式和网络推广模式进行普及推广,对"农家乐"经营者积极给予技术支持和指导,对"农家乐"品牌管理模式和网络推广模式的实际应用和效果进行追踪,不断完善"农家乐"品牌管理模式和网络推广模式,真正为"农家乐"经营者、农民和农业发展服务。

附录1　本书撰写过程中的三次调研四份问卷

（一）2013年深入"农家乐"对"农家乐"经营者实地访谈调查问卷

京郊农家院网络推广现状调查问卷

尊敬的先生/女士：

您好！我们是北京农业职业学院"网络营销对京郊农家院推广的有效性研究"课题的调查员，为了全面了解目前京郊农家院进行网络推广的状况和问题，并为其发展提供意见和建议，我们课题组希望能得到您的支持和协助，填写这份调查问卷。在此，我们郑重承诺，调查结果仅供研究使用。如果您有兴趣和需要，我们可以无偿地帮助您，帮助您的农家院进行网络推广。

请您仔细阅读题目后在适合自己的选项序号上划"√"或在_____中填写。本卷中选择题如无特别说明均为单选题。您的回答将为网络营销对京郊农家院推广的有效性研究提供参考。

衷心感谢您的支持和协助！

北京农业职业学院
"网络营销对京郊农家院推广的有效性研究"调研小组

1、贵农家院的名称：_____
2、贵农家院的位置和交通情况：_____
3、贵农家院成立的时间：_____
4、贵农家院的经营模式：(　　)。

  A.自家的小院为场所经营,自家经营

B.亲友合资共同经营

C.以村为单位集体入股的经营模式

D.村企合作,公司制规模经营

E.其他_____（请注明）

5、贵农家院经营者的文化程度:（   ）。

  A.初中毕业及以下

  B.普通高中、职业高中或中专

  C.大专

  D.大学本科

  E.研究生及以上

6、贵农家院年游客流量:（   ）。

A.500人及以下	B.501—1000人
C.1001—1500人	D.1501—2000人
E.2001—2500元	F.2501—3000人
G.3001—3500人	H.3501人以上

7、来贵农家院消费的顾客人均一次性消费:（   ）。

A.100元以下	B.100—200元
C.200—300元	D.300元以上

8、贵农家院提供的旅游活动或服务有:（   ）。

A.品尝特色食品	B.野外丛林战
C.体验农家生活	D.感受农家文化
E.旅游	F.垂钓
G.购买土特产	

  H.其它_____（请注明）

9、农家乐有哪些推广的方式?（   ）(不定项选择)

A.户外广告　　　　　　B.村口招徕

C.口碑相传　　　　　　D.传单、宣传册

E.报纸杂志和电视广告

F.与旅行社合作

G.网络推广

H.其它_____（请注明）

10、每年的推广费用有多少？（　　）

A.500元以下

B.501到1000元

C.1001到1500元

D.1501到2000元

E.2001到3000元

F.3001到5000元

G.5001到7500元

H.7501到10000元

J.1万元以上

11、贵农家院每月平均净收入为：（　　）。

A.3000元以下

B.3000－5000元

C.5000－1万元

D.1万元以上

12、贵农家院中是否有人经常上网？（　　）

A.经常

B.偶尔

C.从不

13、贵农家院是否希望拥有一些网络推广来提升影响力？（　　　）

　　A.希望　　　B.不希望

14、贵农家院是否了解网络推广吗？（　　　）

　　A.了解　　　B.一般　　　C.不清楚

15、如果有机会贵农家院会尝试网络推广吗？（　　　）

　　A.会　　　B.不会

16、如果有机会无偿接受网络推广的培训,贵农家院愿意参加吗？（　　　）

　　A.愿意　　　B.不愿意

17、贵农家院了解或者使用过以下那些网络推广方式呢？（　　　）（不定项选择）

　　A.自建网站　　　　　　B.淘宝类推广

　　C.门户网站推广　　　　D.论坛推广

　　E.博客推广　　　　　　F.网络广告

　　G.竞价排名

　　H.QQ及QQ群营销

　　J.微博推广

　　K.微信推广

　　L.SNS社交网站推广（人人网、开心网）

　　M.其它＿＿＿＿＿＿＿＿＿＿（请注明）

18、如果有机会贵农家院更喜欢尝试一下那种类型的网络推广？（　　　）

　　A.付费

　　B.免费

19、您认为以下哪种网络推广更适合贵农家院:（　　　）。（不定项选择）

　　A.自建网站

　　B.淘宝类推广

C.门户网站推广

D.论坛推广

E.博客推广

F.网络广告

G.竞价排名

H.QQ 及 QQ 群营销

J.微博推广

K.微信推广

L.SNS 社交网站推广

M.邮件营销

N.关键词或百度知道推广

P.其它_____（请注明）

20、您对农家院的网络推广还有何意见和建议：

_____

谢谢您的大力支持,祝您生意兴隆！

(二)2013 年到"农家乐"实地向游客发放问卷、

2014 年在第一调查网上提交问卷了解游客对京郊农家院网络推广的看法

京郊农家院网络推广游客调查问卷

尊敬的先生/女士：

您好！我们是北京农业职业学院"网络营销对京郊农家院推广的有效性研究"课题的调查员，为了全面了解您对京郊农家院网络推广的看法和评价，并为其发展提供意见和建议，我们组织了这次针对京郊农家院旅客的问卷调查。希望能得到您的支持和协助。

本次调查严格遵守《统计法》要求，采用匿名回答的形式。请您仔细阅读题目后在适合自己的选项序号上划"√"或在_____中填写。本卷中选择题如无特别说明均为单选题。您的回答将为网络营销对京郊农家院推广的有效性研究提供参考。

衷心感谢您的支持和协助！

北京农业职业学院

"网络营销对京郊农家院推广的有效性研究"调研小组

1、您的籍贯是(　　)。

　　A.北京市区

　　B.北京郊区县

　　C.周边地区

　　D.其他

2、你属于哪个年龄段(　　)。

　　A.18 岁以下

　　B.18～25 岁

　　C.26～30 岁

　　D.31～35 岁

E.36～40 岁

F.41～45 岁

G.46～50 岁

H.50 岁以上

3、您的性别是（　　）。

　　A.男

　　B.女

4、请问您的文化程度是（　　）。

　　A.初中毕业及以下

　　B.普通高中、职业高中或中专

　　C.大专

　　D.大学本科

　　E.研究生及以上

5、您的职业是（　　）。

　　A.国家机关、党群组织、企业、事业单位负责人

　　B.专业技术人员

　　C.企事业单位工作人员

　　D.商业、服务业人员

　　E.农、林、牧、渔、水利业生产人员

　　F.生产、运输设备操作人员及有关人员

　　G.军人

　　H.运动员

　　J.学生

　　K.不便分类的其他从业人员

6、过去一年内您的平均月收入是：（　　）。

A.1000元及以下

B.1001－3000元

C.3001－5000元

D.5001－7000元

E.7001－10000元

F.10001－15000元

H.15001－20000元

J.20000及以上

7、您通常在何时选择到京郊的农家院游玩？（　　　）(不定项选择)

  A.春节　　　　　　　　B.法定三日小长假

  C.十一黄金周　　　　　D.寒暑假

  E.周末

8、您最喜欢或希望参加的农家院的娱乐项目是:(　　　)。

  A.体验性的农家院项目——种地种菜

  B.体验性的农家院项目——栽种水果

  C.体验性的农家院项目——栽种有机食物

  D.体验性的农家院项目——体验耕作

  E.采摘或品尝有机食物

  F.周末休闲

9、您认为合理的农家院游玩人均消费额度为一天:(　　　)。

  A.50元左右

  B.50－100元左右

  C.100－150元左右

  D.200元以上

10、您通过何种途径来选择农家院？（　　　）(不定项选择)

A.旅行社推荐

B.亲友推荐

C.纸质媒体(报纸、杂志、旅游手册等)

D.网络

E.到目的地随机选择

11、如果根据网络途径选择农家院,您主要或是希望从何网站获取农家乐的信息?(　　　)(不定项选择)

A.京郊旅游资讯门户网站

B.农家院自身的网站

C.大型门户网站的旅游论坛

D.SNS社交网站(人人网、开心网等)

E.旅游信息的微博

F.旅游信息的微信

G.农家院的QQ及其信息群

H.其他网站_____(请注明)

12、您一般选择出游的交通方式是:(　　　)。(不定项选择)

A.团体包车　　　　　　B.自驾车

C.火车　　　　　　　　D.旅游专线

E.公交车

F.其他_____(请注明)

13、影响您选择农家院的因素有:(　　　)。(请选出三个)

A.交通便利与否

B.住宿餐饮价格

C.卫生条件与周边环境

D.与周围景点的距离

E.提供体验活动是否有特色

F.农家乐的合法性和安全因素

G.其他_____（请注明）

14、您在选择农家院网站获取信息主要考虑的因素有：（　　　）。（请选出三个）

A.在百度、谷歌等搜索引擎上易获得

B.页面打开速度快

C.页面布局清晰美观

D.信息量大且透明

E.页面发生错误率小

F.站内搜索便捷

15、在以下关于"农家院"网站所提供的信息中，请您以您认为信息的重要性，对以下选项进行排列（　　　）。（不定项选择）

A.周围景区、气候介绍

B.餐饮、住宿介绍及价格

C.农家院内外实景照片

D.特色活动、服务介绍

E.当地旅游指南

F.交通信息

G.当地特产介绍

H.农家院联系方式、地址

J.其他_____（请注明）

16、您认为现在农家院网站及京郊旅游资讯网站普遍存在的问题有哪些？
（　　　）(不定项选择)

A.信息量过多,无从下手

B.页面设计不美观,页面容易出错

C.农家院介绍千篇一律,缺少特色

D.网上信息与实际不符

E.缺少互动(驴友游记或论坛交流)

F.其他_____(请注明)

17、您认为农家院网站及京郊旅游资讯网站需要提供在线旅游产品购买的服务吗?(　　)

A.需要

B.不需要

C.无所谓

18、若需要提供在线旅游产品购买的服务,您希望这些服务包括哪些?(　　)(不定项选择)

A.住宿餐饮预订

B.住宿餐饮预支付

C.当地土特产在线购买

D.周边景点门票预支付

19、您认为农家院网站及京郊旅游资讯网站需要设有游客反馈信息吗?(　　)

A.需要

B.不需要

C.无所谓

20、若需要,您希望看到哪种方式的意见反馈方式?(　　)(不定项选择)

A.驴友通过论坛交流

B.开设驴友游记板块

C.开设留言板

D.农家院 QQ 答疑及 QQ 群

E.农家院自身微博

F.农家院自身微信及语音群

21、在以往的农家院体验中有哪些活动或服务让您印象深刻?您期望还能在农家院享受或体验哪种服务或活动?

_____

22、您期望农家院还能通过哪种网络途径给您提供信息和服务?或是您期望还增加什么网络活动或服务?

_____

再次感谢您的支持与配合!祝您生活愉快!

(三)2017年针对游客所做的有关"农家乐"品牌管理调查问卷

农家乐品牌管理调查问卷

尊敬的先生/女士：

您好！我是北京农业职业学院专业教师，为了全面了解您对农家乐品牌管理的看法，并为其今后品牌管理提供意见和建议，我设计了这次针对农家乐消费者的问卷调查。希望能得到您的支持和协助。

本次调查严格遵守《统计法》要求，采用匿名回答的形式。请您仔细阅读题目后在适合自己的选项序号上划"√"或在_____中填写。您的回答将为农家乐品牌管理模式研究提供参考。

衷心感谢您的支持和协助！

1、你属于哪个年龄段（　　）。（单选题）

   A.18岁以下

   B.18——25岁

   C.26——30岁

   D.31——35岁

   E.36——40岁

   F.41——45岁

   G.46——50岁

   H.50岁以上

2、您的性别是（　　）。（单选题）

   A.男　　　B.女

3、请问您的文化程度是（　　）。（单选题）

   A.初中毕业及以下

   B.普通高中、职业高中或中专

   C.大专

D.大学本科

E.研究生及以上

4、您的职业是( )。(单选题)

A.企业中高管理人员

B.企业一般职员

C.公务员

D.科教文卫工笔者

E.自由职业者

F.学生

G.其他从业人员

5、过去一年内您的平均月收入是:( )。(单选题)

A.1000元及以下　　　　B.1001—3000元

C.3001—5000元　　　　D.5001—7000元

E.7001—10000元

F.10001—15000元

G.15001—20000元

H.20000及以上

6、您去过农家乐吗?( )(单选题)

A.去过

B.没去过

7、您通常在何时选择到农家乐游玩?( )(不定项选择)

A.春节

B.法定三日小长假

C.十一黄金周

D.寒暑假

E.周末

8、您认为合理的农家乐游玩人均消费额度为一天：(　　)。(单选题)

A.50元左右

B.50—100元左右

C.100—200元左右

D.200—300元左右

E.300元以上

9、一般而言,您非常关心"农家乐"旅游的品牌。(　　)(单选题)

A.非常不同意

B.比较不同意

C.一般

D.比较同意

E.非常同意

10、您耳熟能详的"农家乐"旅游的品牌(　　)。(单选题)

A.没有　　　　　B.1——2

C.3——5　　　　D. 6——10

E.10个以上

11、您去农家乐休闲旅游,您通常选择农家乐的方式是(　　)。(不定项选择)

A.旅游到目的地现场找

B.查看攻略,提前联系点评最高的农家乐

C.问朋友建议选择

D.提前与之前去过的农家乐联系

12、农家乐的名字对您选择农家乐是否有影响？(　　)。(单选题)

A.没有　　　　　　　　　B.有

13、"农家乐"品牌如何起名您更倾向于选择？(　　)(不定项选择)

A.以农家乐主人姓名直接命名(如王小二农家院)

B.以农家乐主人们名字中某几个字直接命名(如旺萍农家院)

C.以农家乐主人姓氏命名(如徐家大院)

D.以农家乐主人姓名加工命名(如青山园)

E.与农家乐主人姓名无关,用当地地名或景点命名(如石湖春山庄、龙庆峡农家乐)

F.与农家乐主人姓名、当地地名和景点都无关,用比较吉祥的字词命名(如如意山庄农家院)

G.无所谓

14、"农家乐"品牌名称展示方式您更倾向于选择?(　　　)(不定项选择)

A.门口木牌手写

B.马路边立印刷体指示广告牌

C.村口拉条幅

D.印刷字体木匾

E.门口石头上刻字

F.无所谓

15、您认为影响"农家乐"品牌形象的关键因素有哪些?(　　　)(不定项选择)

A.农家乐的整体装潢

B.农家乐的客房布置

C.农家乐的餐饮

D.农家乐的卫生条件

E.农家乐的服务质量

F.农家乐的休闲活动

16、您偏向哪种类型的农家乐装潢?(　　　)。(单选题)

A.现代风格的高档装潢

B.传统仿农家建筑风格

C.欧式风格

D.富含特色的个性装潢

17、您觉得现在的"农家乐"管理中普遍存在哪些缺陷?(　　　)(不定项选择)

   A.卫生条件差,环境不够舒适

   B.活动单调,缺乏新意

   C.建筑格局千篇一律,缺乏创意

   D.经营方式雷同,没有明显的区分

  再次感谢您的支持与配合!祝您生活愉快!

(四)2017年在2013年调研问卷基础上针对网络营销的变化修改完善的问卷

农家乐网络推广调查问卷

尊敬的先生/女士：

您好！我是北京农业职业学院专业教师，为了全面了解您对农家乐网络推广的看法和评价，并为其发展提供意见和建议，我设计了这次针对农家乐消费者的问卷调查。希望能得到您的支持和协助。

本次调查严格遵守《统计法》要求，采用匿名回答的形式。请您仔细阅读题目后在适合自己的选项序号上划"√"或在_____中填写。您的回答将为农家乐网络推广模式研究提供参考。

衷心感谢您的支持和协助！

1、你属于哪个年龄段(　　)。(单选题)

 A.18岁以下

 B.18——25岁

 C.26——30岁

 D.31——35岁

 E.36——40岁

 F.41——45岁

 G.46——50岁

 H.50岁以上

2、您的性别是(　　)。(单选题)

 A.男   B.女

3、请问您的文化程度是(　　)。(单选题)

 A.初中毕业及以下

 B.普通高中、职业高中或中专

C.大专

D.大学本科

E.研究生及以上

4、您的职业是(　　)。(单选题)

　　A.企业中高管理人员

　　B.企业一般职员

　　C.公务员

　　D.科教文卫工笔者

　　E.自由职业者

　　F.学生

　　G.其他从业人员

5、过去一年内您的平均月收入是:(　　)。(单选题)

　　A.1000元及以下　　　　　B.1001—3000元

　　C.3001—5000元　　　　　D.5001—7000元

　　E.7001—10000元　　　　 F.10001—15000元

　　G.15001—20000元　　　　H.20000元及以上

6、您去过农家乐吗？(　　)(单选题)

　　A.去过

　　B.没去过

7、您最喜欢或希望参加的农家乐的娱乐项目是:(　　)。(不定项选择)

　　A.体验性的农家院项目——种地种菜

　　B.体验性的农家院项目——栽种水果

　　C.体验性的农家院项目——栽种有机食物

　　D.体验性的农家院项目——体验耕作

　　E.采摘或品尝有机食物

F.亲子休闲

G.其他_____（请注明）

8、您通过何种途径来选择农家乐？（   ）（不定项选择）

A.旅行社推荐

B.亲友推荐

C.纸质媒体（报纸、杂志、旅游手册等）

D.网页搜索

E.APP预订

F.查找农家乐微信或公众号

G.到目的地随机选择

9、如果根据网络途径选择农家乐，您希望主要从何网站获取农家乐的信息？（   ）（不定项选择）

A.京郊旅游资讯门户网站

B.农家乐自身的网站

C.大型门户网站的旅游论坛

D.农家乐相关的APP或公众号

E.农家乐的微博

F.农家乐的微信及其微信群

G.农家乐的QQ及其信息群

H.其他方式_____（请注明）

10、您一般选择到农家乐旅游的交通方式是：（   ）。（不定项选择）

A.团体包车　　　　　　B.自驾车

C.火车　　　　　　　　D.旅游专线

E.公交车　　　　　　　F.其他_____（请注明）

11、影响您选择农家乐的因素有：（   ）。（不定项选择）

A.交通便利与否　　　　　　B.住宿餐饮价格

C.卫生条件与周边环境

D.与周围景点的距离

E.提供体验活动是否有特色

F.农家乐的合法性和安全因素

G.其他_____（请注明）

12、**您选择农家乐时,从网络途径获取信息主要考虑的因素有:（　　）。（不定项选择）**

A.在百度、谷歌等搜索引擎或是微信上搜索易找到

B.页面打开速度快

C.页面布局清晰美观

D.信息量大且透明

E.页面发生错误率小

F.站内搜索便捷

13、**在以下关于"农家乐"网络途径所提供的信息中,请您选择很重要的信息（　　）。（不定项选择）**

A.周围景区、气候介绍

B.餐饮、住宿介绍及价格

C.农家乐内外实景照片

D.特色活动、服务介绍

E.当地旅游指南

F.交通信息

G.当地特产介绍

H.农家乐联系方式、地址

J.其他_____（请注明）

14、您认为现在农家乐网络信息及京郊旅游资讯网站(或APP、公众号)普遍存在的问题有哪些？(   )(不定项选择)

A.信息量过多,无从下手

B.页面设计不美观,页面容易出错

C.农家乐介绍千篇一律,缺少特色

D.网上信息与实际不符

E.缺少与消费者的互动

F.信息没有及时更新维护

G.其他_____(请注明)

15、您认为农家乐网络途径及京郊旅游资讯网站(APP)需要提供在线旅游产品购买的服务吗？(   )(单选题)

A.需要

B.不需要

C.无所谓

16、若需要提供在线旅游产品购买的服务,您希望这些服务包括哪些？(   )(不定项选择)

A.住宿餐饮预订

B.住宿餐饮预支付

C.当地土特产在线购买

D.周边景点门票预支付

17、您认为农家乐网络途径及京郊旅游资讯网站(APP)需要设有游客反馈信息吗？(   )(单选题)

A.需要

B.不需要

C.无所谓

18、若需要,您希望看到哪种方式的意见反馈方式?(　　)(不定项选择)

  A.驴友通过论坛交流

  B.开设驴友游记板块

  C.农家乐相关网站或 APP 客服

  D.农家乐 QQ 答疑及 QQ 群

  E.农家乐自身微博

  F.农家乐自身微信及微信群

  G.农家乐微信公众号客服

  H.其他_____(请注明)

19、您倾向关注"农家乐"哪种网络促销活动?(　　)(不定项选择)

  A.打折促销

  B.VIP 积分制

  C.赠品促销

  D.抽奖促销

  再次感谢您的支持与配合!祝您生活愉快!

附录2 对本书研究给予大力支持的农家乐

1. 北京鸿运旺源农家院

位置:北京市延庆区千家店镇下德龙湾村68号

联系电话:13911845455

2. 李树枝农家院

位置:北京市延庆区千家店镇下德龙湾村62号

联系人:李女士

联系电话:15910200082

3. 北京青山园农家乐

位置:北京市延庆区刘斌堡乡三岔路口南侧

联系人:周女士

联系电话:010－60181928

4. 北京延庆周家大院

位置:北京市延庆区千家店镇下德龙湾村93号

联系人:周先生

联系电话:010－60188318、15001002998

5. 北京海内常红农家院

位置:北京市延庆县千家店镇下德龙湾村74号

联系人:常先生

联系电话:13716460296

6.北京玻璃台 69 号农家院

位置:北京市平谷区镇罗营镇玻璃台村 69 号农家院

联系电话:010－60978168、13716304083

7.北京玻璃台 63 号好运来农家院

位置:北京市平谷区镇罗营镇玻璃台村 69 号农家院

联系电话:13522238872

8.程氏农家院

位置:河北省承德市宽城满族自治县桲罗台镇新甸子村二码头 1 号

联系电话:15833148699

9.老船长之家

位置:安徽合肥巢湖姥山岛景区

联系电话:13956666851、13696782093

10.秀水山庄

位置:安徽合肥巢湖姥山岛景区

联系电话:13866981872

11.黄花城水长城何适山庄

位置:北京市怀柔区九渡河镇西水峪村 38 号

联系人:何先生

联系电话:010－61652141、15910298670

12.三亩园度假村

位置:北京市怀柔区渤海镇怀黄路三亩园度假村

联系电话:010－60637129

13.北京山水秀丽农家院

位置:北京市延庆区千家店镇下德龙湾村 66 号

联系电话:13911925554

14.爨底下村片石居农家院

位置:北京市门头沟区斋堂镇爨底下村上村头第一家

联系人:周金锁

联系电话:010—69819499、13716904273、13466729457

15.爨底下清明古宅8号院

位置:北京市门头沟区斋堂镇爨底下村

联系人:黄女士

联系电话:010—69818129、18701229380

16.平泉苗香轩庄稼院

位置:河北省承德市平泉县柳溪镇辽河源社区仓子村

联系电话:18203241055

17.平泉县柳溪镇马家农家院

位置:河北省承德市平泉县柳溪镇大窝铺村五组278号

联系人:马海峰

联系电话:18232239735

18.怀来县东花园老六农家院

位置:河北省张家口市怀来县东花园镇太师庄村

联系电话:13833321669、18131394666

19.怀来县丽湖生态农家院

位置:河北省张家口市怀来县八营村官厅湖旁

联系电话:0313—6252777、15030309477

20.王新平农家院

位置:北京市延庆县张山营镇玉皇庙村玉渡山旁

联系人:王新平

联系电话:13716319083、13716849689

21.谷凤云农家院

位置:北京市延庆县张山营镇玉皇庙村玉渡山旁

联系人:谷凤云

联系电话:13520859353、13716390972

22.北京有缘农家院

位置:北京市密云区太师屯镇落洼村21号

联系电话:13240721609

23.北京密云华香农家院

位置:北京市密云区太师屯镇落洼村39号

联系电话:13121427620

24.百里山水画廊白河渔家农家院

位置:北京市延庆区千家店镇河口村

联系电话:010－60185008、13511005938

25.十渡春芳农家院

位置:北京市房山区十渡镇西河村

联系电话:010－61347330、13683555179

26.十渡永芳农家院

位置:北京市房山区十渡镇九渡村

联系电话:15001377806、13522232632

27.延庆百里画廊滴水湖安德华农家院

位置:北京市延庆区千家店镇下湾村51号

联系电话:18610731477

28.柳河小栈

位置:河北省承德市兴隆县大杖子乡姜家庄村

联系电话:13731406353、15076951066

29.溢彩宏农家院

位置:北京市怀柔区雁栖镇莲花村94号

联系电话:13911175830、15110239951

30.福源居良子农家院

位置:北京市怀柔区渤海镇得水湾村2号

联系电话:13716599980、13910053207

  以上"农家乐"经营者在笔者进行课题调研研究过程中给予大力支持,帮助笔者和其他"农家乐"经营者以及来旅游的游客沟通交流、发放问卷,帮助笔者最终完成调研,在这里笔者对他们深表感谢,也希望本书对他们及其他帮助完成调研的所有"农家乐"经营者在今后"农家乐"的经营管理、打造自身品牌具有实质性帮助!

参考文献

[1] 杨永杰. 农家乐旅游经营指南. 北京. 农村读物出版社、中国农业出版社，2007,1,第1版

[2] 李海平. 农家乐旅游与管理/杭州. 浙江大学出版社,2006,4,第1版

[3] 杨莉萍. 品牌管理. 合肥工业大学出版社,2011,4,第1版

[4] 张明立，冯宁. 品牌管理. 北京. 清华大学出版社,北京交通大学出版社,2010,5,第1版

[5] 郑佳. 品牌管理. 浙江大学出版社,2010,9,第1版

[6] 周云，姚歆，徐成响. 品牌管理. 经济管理出版社,2013,7,第1版

[7] 李红新，覃聪. 网络营销与策划. 西安交通大学出版社,2012,8,第2版

[8] 张书乐. 实战网络营销：网络推广经典案例战术解析. 电子工业出版,2010,7,第1版

[9] 杨继瑞，黄善明."农家乐经济"健康发展的思考. 决策咨询通讯,2007,2:18～22

[10] 陈奕捷等. 农家乐致富宝典. 旅游教育出版社,2006,12,第1版

[11] 康路晨. 一本书读懂互联网营销推广. 民主与建设出版社,2015,4,第1版

[12] 中国旅游协会旅游城市分会. 现代农家乐实务手册. 中国旅游出版社,2011,1,第1版

[13] 江礼坤. 网络营销推广实战宝典. 电子工业出版社,2013,6,第11次印刷

[14] 黎长鑫. 网站营销全攻略. 北京理工大学出版社,2015,3,第1版

[15] 中国互联网络信息中心. 第40次中国互联网络发展状况统计报告. 中央网

络安全和信息化领导小组办公室、国家互联网信息办公室,2017,7,第1版

[16]王海燕.传统媒体微信公众号编辑与运营策略分析.编辑之友,2015,2:85—88

[17]陈放.品牌管理之道.世界标准信息,2006,6:34—35

[18]韩德昌.市场营销基础.中国财政经济出版社,2005,2,第2版

[19]蒋满元.基于区域扶贫开发视野的乡村旅游可持续发展问题研究.中南大学出版社,2016,8,第1版

[20]何红.从休闲旅游到生态旅游——分析国内农家乐的发展趋势.当代电大,2003,S1:49—52

[21]李慧,聂小荣.浅议"农家乐"旅游经营管理模式.《旅游纵览(下半月)》,2014,2:49—52

[22]韩林.关于建设阳朔乡村旅游网的探索.《旅游论坛》,2014,15(6):82—86

[23]燕雯."互联网＋乡村旅游"的农村社区实践分析.《黑龙江农业科学》,2017,6:79—82

[24]肖君泽,农业部农民科技教育培训中心,中央农业广播电视学校.农家乐经营管理.中国农业大学出版社,2008,6,第1版

[25]赵俊萍.论晋城城郊农家乐旅游发展的现状与前景——基于FABE法则分析.《经济师》,2013,1:242—243

[26]熊剑平,刘承良,袁俊.乡村旅游电子商务发展与网络系统构建.《经济地理》,2006,26(2):340—345

[27]徐水.我国乡村旅游与电子商务的结合.《消费导刊》,2007,14:70—72

[28]张丽云.河北省乡村旅游与电子商务结合发展策略研究.《消费导刊》,2009,3S:132—133

[29]施建林,施荣连.乡村旅游网络营销模式研究.《江苏商论》,2009,36:225

—225

[30]杨欣,黄海力,李蕊.论京郊农家院网络推广中的特色定位.《中国商论》,2013,36:114—115

[31]燕雯."互联网＋乡村旅游"的农村社区实践分析.《黑龙江农业科学》,2017,6:79—83

[32]范妮娜.全域旅游背景下苏州树山村农家乐网络营销对策研究.《旅游纵览月刊》,2016,12:114—116

[33]卢璐,刘幼平.湖南乡村旅游突出分片发展的思考.《湖南科技学院学报》,2002,23:106—107

[34]张要民."农家乐"旅游核心竞争力模型构建及价值提升研究.《安徽农业科学》,2011,39:14881—14883

[35]林育龙."农家乐"旅游不能再"山寨"——对发展铜鼓农家乐旅游的思考.《理论导报》,2013,4:29—30

[36]陈民新、许金友."农家乐"VI设计的实践与思考.《美术大观》,2008,4:174—175

[37]许金友."农家乐"企业形象设计与应用初探.《艺术探索》,2009,23:108—109

[38]侍晓雅.昌吉州打造农家乐品牌的对策分析.《中国市场》,2011,22:90—91

[39]张潇.网络营销模式下绿色休闲农家乐经营现状及改进探析.《电子商务》,2014,7:34—35

[40]巴·金梦.农家乐的网络营销研究.《农民致富之友》,2015（2）:37—37

[41]石海云."农家乐"旅游的现状、问题及对策研究.《商》,2015（26）:285—286

[42]谭金飞,曹庆荣."农家乐"为载体的农村休闲体育资源开发与整合.《湖南

工业职业技术学院学报》,2015,15:31—34

[43]李海平.农家乐旅游与管理.浙江大学出版社,2006,4,第1版

[44]黄亚勤,李极光.创办特色农家乐.云南科技出版社,2009,12,第2版

[45]李诗宇,弋福林.怎样开办农家乐 农家乐经营必读.四川科学技术出版社,2009,1,第1版

[46]熊志明.经营管理农家乐一本通.电子科技大学出版社,2012,3,第1版

[47]谭金飞,曹庆荣.景区依托型农家乐可持续发展存在的问题及建议——以苏州市太湖三山岛农家乐为例.《现代农业科技》,2017,20:261—262

[48]程书香,赵追.成都市"农家乐"旅游品牌发展研究.《安徽农业科学》,2009,37:6668—6669

[49]牟彤华.网络营销与推广新教程.中国劳动社会保障出版社,2002,6,第1版

[50]李玉清.网络营销实践.中国人民大学出版社,2012,9,第1版

后 记

我因为寒暑假走亲访友的原因,经常深入农村,和一些"农家乐"经营者密切接触,感受到他们待人热情,但苦于缺少经营管理知识,出现了思想认识落后、基础设施滞后、文化传承欠缺、产品形式单一和品牌定位趋同等问题。他们自身又没有办法解决这些问题,"互联网+"时代世界每天都在发生翻天覆地的变化,因此作为一名经管类电子商务专业教师,我感受到身上的责任。我必须竭尽所能来帮助他们,刚好我所在的北京农业职业学院组织申报人文社科研究基金项目,我就利用科研经费的支持开始了这项课题研究。2014年项目顺利结题了,但精益求精的我感觉课题研究的脚步根本无法停下来,必须坚持下去,不断完善研究成果,并进行积累,帮助"农家乐"经营者们与时俱进,赢取收益。

这样,从2013年开始到现在用将近五年的时间进行研究,我感觉我的研究成果积累到一定程度,我需要将它结成果实,分享给需要我帮助的"农家乐"经营者们,因此我开始撰写本书。我的书终于完成了,虽然我知道我的研究还会继续深入进行,但我愿将这段时间的研究成果即时分享出来,这样我感觉很充实很快乐!

值此机会,真诚地向所有关心和帮助我的人们表示感谢。

感谢我的父母、丈夫对我课题研究的支持,鼓励我最终完成本书,我的丈夫在我进行课题研究、撰写书稿期间,承担了大量的家务,主动陪伴和照顾孩子。正是因为有了他们的陪伴、关爱和鼓励,我才能全身心投入到工作和研究中,他们的爱成为我不断努力、坚持奋斗的动力。

感谢课题研究过程中给予我指导和建议的各位专家教授们，他们缜密的逻辑思维和严谨的治学精神令我受益匪浅。

真心感谢我的领导和同事们，感谢与这一群热爱生活热爱工作的领导、同事们一起成长、一起拼搏、一起努力，使我体验了生命的真谛，使我不断成长，帮助我渡过难关。时常感觉自己是个幸运的人，无论何时何处总有人给我帮助与关怀。

感谢我可爱的亲朋好友们，积极帮我出谋划策，在我调研过程中主动帮我分享调查页面，帮助我获得尽可能多的样本信息。谢谢他们一直把我放在心上，他们的无私帮助让我深深体味到亲情和友情的温暖！

附录2中所列的"农家乐"经营者都在调研过程中积极帮助我找其他"农家乐"经营者和来旅游的游客完成问卷的收集，是他们的热情相助才让我能够顺利完成本次研究。

感谢问卷星平台、第一调查网平台及其客服人员在调研过程中给予的帮助和支持。

黄海力

2018年1月于北京